AF498177

255
10587
Mantoue

ABREGE DES MOYENS

PAR LESQVELS

LE SERENISSIME

CHARLES SECOND

DVC DE MANTOVE ET DE MONTFERRAT,

DE NIVERNOIS, MAYENNE ET RETHELOIS,

Pair de France, Prince fouuerain d'Arches, &c.

doit eftre maintenu paifiblement, & conferué en la legitime
poffeffion des Eftats & biens de la fucceffion en France du
feu Sereniffime Duc CHARLES I. fon ayeul,

CONTRE

LES TROVBLES ET PRETENTIONS

DE

MESDAMES LES SERENISSIMES PRINCESSES

MARIE ET ANNE DE GONZAGVE

SES TANTES.

M. DC. XLII.

Es moyens que Madame la Sereniſſime Ducheſſe de Mantoüe & de Montferrat, mere & tutrice du Sereniſſime Charles II. Duc de Mantoüe & de Monferrat, de Niuernois, de Mayenne & de Rethelois, propoſe à ſa Majeſté Tres-Chreſtienne, pour monſtrer que ſon Alteſſe, comme habile & capable de ſucceder en France aux biens du defunct Sereniſſime Charles premier du nom Duc de Mantoüe, &c. ſon ayeul, doit eſtre maintenuë & gardée en la poſſeſſion deſdits biens, nonobſtant les pretentions & troubles de Meſdames les Princeſſes Marie & Anne de Gonzague ſes tantes, ſe reduiſent à quatre poincts principaux.

Le premier, Que Monſieur le Duc de Mantoüe, comme Prince ſouuerain, & ayant l'honneur d'eſtre proche parent du Roy, & ſes Eſtats eſtans en la protection de ſa Majeſté, ne peut, & ne doit eſtre tenu ny reputé pour eſtranger.

Le ſecond, Que ſon Alteſſe eſtant iſſuë de pere & ayeul François, naturels & originaires, eſt François d'origine & d'extraction; Et partant capable de ſucceder en France.

Le troiſieſme, Que les Roys Henry II. & Henry IV. ayans octroyé leurs Lettres de naturalité aux defuncts Princes & Ducs de Mantoüe, Ludouic, Vincent & François, & à leurs enfans, poſterité & lignée, nais & à naiſtre; & Monſieur le Duc Mantoüe eſtant deſcendu d'eux en droite ligne, tant du coſté paternel que maternel, eſt fondé à ioüir du benefice deſdites Lettres, comme compris en icelles.

Le quatrieſme & dernier chef, eſt fondé ſur les dernieres Lettres accordées par le Roy heureuſement regnant à ſadite Alteſſe, & à la Princeſſe Eleonor ſa ſœur, par leſquelles, comme François originaires, nais de pere & ayeul naturels François, ils ſont declarez capables de ſucceder en France, reputez regnicoles, & diſpenſez de reſider dans le Royaume.

Voila vn abregé & conjection ſommaire du different qui ſe preſente.

Pour venir au premier poinct, & monſtrer

Que ſon Alteſſe de Mantoüe eſtant Prince ſouuerain, & poſſedant en plaine ſouueraineté les Eſtats de Mantoüe & de Montferrat, ne peut eſtre reputé eſtranger, & que la Loy d'Aubaine ne doit eſtre pratiquée contre luy.

CHAPITRE PREMIER.

IL conuient remarquer que tous les Princes ſouuerains eſtans Lieutenans de Dieu pour commander en terre, & y exercer cette puiſſance abſoluë ſur les hommes, que l'on appelle Souueraineté, ils ſont

Omnis poteſtas à Deo eſt, ad Romanos 13.

10.587

Primo Machab. cap. 12. Rex Demetrius Ionatham fratri. Menander in Epistola Chosroæ: Χοσρόης βασιλεῦς βασιλέων Ιυστινιανῷ Καίσαρι ἀδελφῷ ἡμετέρῳ.

freres & alliez entr'eux, & non point estrangers, cette puissance augu-ste & diuine conjoignant les Princes souuerains d'vne alliance sacrée, fait qu'ils ne peuuent estre reputez estrangers ; & que les loix introdui-tes pour les particuliers subjets de chaque Estat, comme la Loy d'Au-baine en France, ne comprend point les personnes de cette eminen-te dignité, & qui possedent ce titre auguste de Prince souuerain, estant bien raisonnable que comme leur naissance illustre & leur dignité les esleue pardessus le reste des hommes, ils ayent aussi de particuliers ad-uantages, & soient exempts de la regle commune.

Bacquet au droict d'Aubaine, chap. 12. & Chopin *de Domanio lib. 3. tit. 11.*

Ce qui passe mesme iusques aux Ambassadeurs, lesquels represen-tans la personne de leur Maistre, & joüissans des mesmes priuileges, sont aussi exempts du droict d'Aubaine.

Bacquet au traité du droict d'Aubaine, chap. 3. n. 4.

N'y ayant point de Loy escrite en France qui declare l'estranger incapable de posseder des biens, soit par succession ou autrement, dans le Royaume, le droict d'Aubaine ne s'y estant estably que par vn vsa-ge inueteré, & vne obseruance, dont le plus ancien vestige qui s'en trouue est aux Registres de la Chambre des Comptes en ces termes: *De tous Espaues natifs de dehors le Royaume de France, soit nobles ou non nobles, quand ils trépassent en quelque terre & seigneurie que ce soit, sans hoirs legitimes procréez de leur corps au dedans du Royaume, le Roy est leur droict heritier.* Ce qui ne s'entend point des Princes souuerains, & ne signifie que les simples Gentilshommes, & ceux qui font pro-fession des armes, à la distinction des Bourgeois & roturiers ; en-cores ceux qui font profession des armes ont-ils dédaigné ce titre de noble, & se sont qualifiez Escuyers, *Scutarij,* comme portans l'escu en guerre, le mot de noble ne s'adaptant le plus souuent qu'aux plus honestes habitans des villes, qui ont accoustumé de se qualifier nobles hommes, *Nobilis, non vilis.* En quoy l'on void combien les Princes souuerains sont releuez pardessus ce mot de noble.

Zonaras tomo 3. p. 194. & Zozimus lib. 2. de Constantio.

L. 3. ff. de natalibus re-stitut.

Lib. 2. cap. 41.

Les enfans des Empereurs qui doiuét succeder à l'Empire s'appelloiét autresfois, *Nobilißimi,* & cette dignité qui estoit la plus proche de l'Em-pire, *Nobilißimatus, siue dignitas Nobilißimi,* νωβελλισίμου ἀξίω, ue. D'où *Marcellinus Comes in Chronico,* a remarqué que l'Empereur Iustinian ayát esté nommé pour successeur à Iustin son oncle, *factus fuit Nobilißi-mus,* les Empereurs aussi quelquesfois s'estans appellez du mesme nom, *Sanctißimus & Nobilißimus Imperator Antoninus.* Mais quand il est dit en cet ancien Registre de la Chambre des Comptes, que ceux qui sont nais hors le Royaume de France, soient nobles ou non nobles, sont subjets au droict d'Aubaine, ce mot de noble ne comprend point les Princes souuerains, non plus qu'aux Loix capitulaires de l'Empereur Charle-magne, où cette Constitution est rapportée d'vn ancien Concile de Chaalons, *Cùm constet in Ecclesia diuersarum conditionum homines esse nobiles & ignobiles, serui & coloni, Prælati clementer erga eos agant in im-*

ponendis titulis, & exigendis oneribus. L'Empereur n'est point compris en cette disposition, laquelle ne seroit pas conuenable à sa dignité. Ainsi lors que l'on dit en la pluspart des Coustumes de France, où l'on traite de l'estat & qualité des personnes, que les aucuns sont nobles, & les autre non nobles, ces termes ne s'entendent que des habitans particuliers & des personnes coustumieres sujetes à la Loy, & non du Roy qui n'est point compris dans cette diuision des personnes, comme n'estant sujet au Droict coustumier de son Royaume. Aussi quand cet ancien extraict de la Chambre des Comptes, contenant la declaration & l'vsance du droict d'Aubaine, porte que ceux qui sont nais hors de France, soient nobles ou non nobles, sont sujets au droict d'Aubaine, cela comprend bien tous les habitans des autres Estats & Royaumes, mais non les Princes souuerains desdits Estats, lesquels, au dire de Platon, sont nais pour commander, & composez d'vne autre nature, & d'vn métail tout different des autres, & comme rapporte Aristote, les Princes souuerains sont d'vn genre moyen entre Dieu & les hommes. Ces termes donc de nobles & non nobles dedans l'extraict de la Chambre des Comptes, faisant mention du droict d'Aubaine, ne comprennent point les Princes souuerains, & ce d'autant moins que les Aubains & estrangers dont il est parlé dedans ce Registre, sont appellez Espaues, comme és Coustumes de Vermandois & autres, c'est à dire, des gens incognus, & qui viennent de si loin qu'on ignore mesme le lieu de leur naissance, les Espaues estans des choses esgarées, dont la seigneurie est incogneüe, comme elles sont definies par nos Coustumes, *aberrantia animalia, quorum dominus ignoratur*; ce qui ne peut pas estre appliqué à vn Prince souuerain qui ne sera iamais pris pour Espaue & pour vn incogneu, ny pour vn Aubain, selon la signification que M. Cujas donne à ce mot François, le traduisant en Latin, *aduena*, & ayant remarqué en la Loy où il est parlé, *de aduena mercatore.* Les anciens traducteurs des Pandectes en la langue Françoise qu'ils appellent *Basilica Gallica*, ont rendu ce mot *aduena* par le terme Aubain, ayant aussi obserué ailleurs que le droict d'Aubaine autrefois s'appelloit Aubenage, ou plustost Aduenage, comme vn droict qui s'exerce sur ceux qui arriuent & viennent de nouueau en France d'vn autre pays, ce qu'on ne dira pas d'vn Souuerain, puis que les Souuerains estans comme des Dieux en terre, ne peuuent y estre reputez estrangers en aucun endroit de toute son estenduë; & vn Prince souuerain venant en France, soit pour y rendre les deuoirs de vassal, s'il possede des biens dans le Royaume, soit pour y traiter de mariage, ou autres affaires d'importance, n'y sera iamais consideré comme Aubain, mais comme parent, allié, & confederé de sa Majesté.

Donc puis qu'en l'extraict de la Chambre des Comptes, contenant la declaration du droict d'Aubaine, les Princes souuerains ne sont point denommez;l'on ne peut pas dire qu'ils y soient sujets, *Necessarium enim erat de eo edicere* ; leur naissance illustre, & leur condition releuée pardessus le commun, meritoit bien vne expression speciale & particuliere. Et ce qui a esté obmis pour ce regard par ce Registre, n'y peut pas auoir lieu, n'ayant pas voulu y comprendre ce qu'on n'y a point dit, puis qu'on le pouuoit facilement dire, si on l'eust entendu.

Que si le nom d'Aubain, selon sa propre acception parmy nous, ne se peut appliquer à vn Prince souuerain, la raison de la Loy d'Aubaine pour laquelle elle a esté introduite, y conuient encores moins.

Cette Loy du Royaume qui attribuë les biens des estrangers au Roy par droict d'Aubaine, est afin que par cette rigueur ils soient diuertis de s'habituer en France, & que les mœurs des sujets ne soient point corrompuës & alterées par leur meslange & communication : c'est ce qui faisoit que les Lacedemoniens & les Atheniens ne donnoient le droict de cité que fort rarement, & en recompense de grands & signalez seruices; & ce qui fut cause que l'Empereur Auguste y fut aussi fort retenu, afin de conseruer le peuple sans macule du sang estranger, *Magni existimans sincerum atque ab omni colluuione perigrini ac seruilis sanguinis incorruptum seruare populum Romanum , ciuitatem Romanam parcissimè peregrinis donauit.* Ce qu'on ne dira pas d'vn Prince souuerain, dont le sang est trop pur pour corrompre celuy des naturels habitans, auec lesquels aussi il ne se mesle point, les Roys mesmes par des considerations d'Estat les preferant bien souuent au sang des Princes leurs sujets, auec lesquels ils s'allient plus rarement qu'auec les estrangers.

Il y a vne autre cause de la Loy d'Aubaine, qui est que personne ne peut estre également sujet de deux diuers Princes, & comme on dit en droict qu'vn serf ne peut estre à deux maistres, aussi vn sujet ne se peut aduoüer de deux Souuerains. Ainsi l'Orateur Romain mettoit entre les plus grands priuileges des Bourgeois de la ville de Rome, Que nul ne peut estre citoyen de Rome & d'vne autre cité, ce qui fit refuser à Pomponius Atticus le droict de Bourgeoisie que les Atheniens luy presenterent, craignant de perdre le droict de la cité Romaine; C'est pourquoy le droict d'Aubaine n'a lieu que pour ceux lesquels estant nais en vn autre pays sont sujets à vn autre Prince, ce qu'on ne peut pas dire d'vn Souuerain, comme son Altesse de Mantoüe, laquelle n'estant sujete dans ses Estats à personne, tiendra tousiours à faueur d'estre vassal du Roy, & non d'autre, pour les biens qui luy appartiennent en France.

Il importe à l'honneur du Roy & à la grandeur de la Couronne, qu'vn Souuerain luy rende le deuoir de vassal, & luy fasse la submission qui luy est deüe, les biens qu'il possedera dans le Royaume l'obligeant plus estroitement à la fidelité & obeïssance, & le tenant attaché d'vne plus forte estrainte à ses interests. D'où l'on void cette Loy des

I..3.ff. de negotiis gestis.

Sueton. Augusti cap.40.

Atheniens, que perſonne ne pouuoit auoir commandement ſur le peuple qu'il n'euſt acquis quelque fonds & domaine dedans la republi-que, qui fuſt comme vn gage & aſſeurance de ſes deportemens. Dinarci oratio contra Demoſthenem.

Et ſi les Roys de France deſireux d'honorer les vertus eſtrangeres, auſſi bien que les domeſtiques, ont traicté ſi fauorablement ceux qui ſont deſcendus des ſouuerainetez eſtrangeres, leur ayant meſme donné le rang de Princes dans le Royaume, dont leur Cour a touſiours eſté plus releuée qu'aucune autre, comme l'abord & recueil de toutes les maiſons ſouueraines de la Chreſtienté. Les Princes eſträgers leur eſtans côme des oſtages volontaires & perpetuels des alliances qu'ils auoient auec leur maiſon: combien plus d'aſſeurance auront-ils quand les chefs meſmes de ces maiſons ſouueraines demeureront leurs vaſſaux à raiſon des biens qu'ils poſſederont dedans leur Royaume?

Il y a vne autre raiſon particuliere du droict d'Aubaine, ſçauoir pour eſloigner les ſubjets des autres Princes, & empeſcher les intelligences eſtrangeres, laquelle ne milite point encores à l'eſgard des Princes ſouuerains : Car ſi les Roys leur donnent des biens dedans leur Royaume, ils les affermiront dauantage dans leur amitié, les retiendront dedans leur deuoir, & les deſtourneront des intelligences eſtrangeres, dont il reüſſira vn plus grand aduantage à l'Eſtat qu'il ne receura de dommage par le tranſport de quelque reuenu dehors le Royaume, qui eſt encores vn autre motif de l'eſtabliſſement de la loy d'Aubaïne, lequel, non plus que les autres, n'eſt point conſiderable à l'eſgard d'vn Prince ſouuerain.

Auſſi les Roys ont touſiours permis que les Princes eſtrangers ayent tenu & poſſedé des biens dedans leur Royaume. Tellement que comme d'vn coſté on a veu en Angleterre des Princes François, & d'ailleurs, qui en ont poſſedé le Royaume ſans contredit.

Par exemple, Canut ſecond, auparauant Roy de Dannemarc, lequel y vint ſucceder à Haraud premier, ſon frere. Vvill-lm. Gemit. de Ducib. Normann. lib. 3. cap. 3.

Guillaume le Roux, fils de Guillaume le Conquerant, né en Normandie auant la conqueſte de ſon pere. Ce point eſt inſtifié par l'hiſtoire, d'autant

que Matilde, femme du Conquerant, ne paſſa en Angleterre qu'apres la conqueſte en 1068. & la meſme année y accoucha de Henry, le plus ieune de ſes trois fils.   Du Moulin hiſtoire de Norm. liu 7 chap. 14.

Le Roy Eſtienne, auparauant Comte de Boulongne, fils d'Eſtienne Comte de Blois né en France, qui fut enuoyé ieune à la Cour d'Angleterre, pres de Henry premier ſon oncle auquel il ſucceda. Bouchet Annal d'Aquitaine part. 5. cha. 2 fol 73.

d'Angleterre liu. 11. n. 31.   Du Moulin hiſtoire de Normandie, liu. 10 Du Cheſne hiſtoire chap. 1. n. 2.

Henry ſecond, fils de Foulques, Comte d'Anjou, né & nourry en France, d'où il ne paſſa en Angleterre qu'apres la mort d'Eſtienne en 1154. Vuillelm. Gemit. lib. 7. cap. 34. Du Cheſne li. 12. n. 1. Annal. d'Aquit. vbi ſuprà.

Iean ſans Terre, dernier fils de Henry ſecond, auſſi né en France, où ſa mere Eleonore nouuelle accouchée de luy, fut laiſſée par Du Moulin liure 12. chap. 11. init.

Du Moulin liure 12. chap. 5. n. 15.

Hist. MS. de feu Monsieur de Thou.

Du Moulin liure 7. chap. 12.
Du Chesne liure 11. n. 2.

le Roy son mary dans le Chasteau de Lusignan en 1167.

Et comme auant tous ceux-cy, la naissance du Conquerant mesme, né en Normandie, & nourry au Chasteau de Falaise, n'empescha point qu'à son aduenement en Angleterre, il n'y ayt esté receu des Estats du Royaume auec acclamations & cris d'allegresse, suiuis d'vne requeste d'agreer la Couronne, & protestation de luy obeyr, comme seul heritier du Sceptre d'Angleterre, par la mort d'Edoüard le Sainct, qui estoit son parent, & tenoit le germain sur Robert le Liberal son pere.

Histoire d'Angleterre par du Chesne.
Hist. de Normandie par du Moulin.
Bouchet Anna d'Aquit. part. 3. ch. 2. fol. 71. chap. 4. fol. 80. &c.

D'autre part aussi se trouue quantité de Roys d'Angleterre, Henry premier, Richard Cœur de Lyon, les Edoüards, premier, second, & troisiesme, Princes Anglois de naissance, qui ont tenu & possedé hereditairement en France les Duchez de Normandie, de Guyenne, de Bretagne; les Comtez d'Anjou, de Touraine, du Maine, & autres grandes terres & seigneuries. *où est l'hommage fait au Roy par Geoffroy III fils de Henry second en 1170. De Serres en Philippes de Valois, page 152. de l'impression de Metayer en 1627. où est l'hommage d'Edoüard III. au Roy Philippes. Add. Froissart liu. 1. chap. 25. & l'histoire de Bretagne par Bertr. d'Argentré.*

Plaid. 36.

Et ne faut pas à cela objecter ce qu'on a voulu repartir, (sans autheur, si ce n'est le feu sieur Seruin, qui, sauf le respect de sa qualité & tres-grande suffisance, ne doit pas estre creu seul de ses Antiquitez) que ces Princes d'Angleterre estoient nez en France, où auparauant leur traject en Angleterre, ils possedoient ces grandes seigneuries.

Puis que le contraire a pour appuy le suffrage & appobation de toute l'histoire.

Et veritablement, que le plus ieune fils de Guillaume le Conquerant, Henry premier, soit né en Angleterre, outre la remarque de l'Historien moderne, nous auons celle d'vn Autheur contemporain, rapportant qu'à son aduenement, tout le peuple Anglois se conjoüissoit fort d'auoir vn Roy Anglois de naissance & nourriture : *Natum & educatum in Anglia.* Et son Epitaphe au Monastere de Radingues dressé par Arnoul, lors Euesque de Lizieux, faisant le partage de ses reliques, le note ainsi par expres,

Du Moulin liure 9. chap. 1.

Vuillelm. Gemitic. lib. 7. cap. 10.

> *Spiritui cœlum; cordi, cerebroque dicata est*
> *Neustria: quod dederat Anglia corpus habet.*

Du Chesne histoire d'Angleterre liu. 11.

Il en est de mesme de la naissance de Richard Cœur de Lyon, fils d'Eleonore, laquelle de vray l'an 1151. estant encore en France, auát son traject, y eut vn fils nommé Guillaume; mais estant passée en Angleterre en l'an 1154. y accoucha la mesme iournée dans Londres d'vn autre fils nómé Henry, & en suite dudit Richard Cœur de Lyon. Il est vray que depuis la mesme Eleonore repassa en Normádie, mais ce ne fut qu'en 1158. & remarque l'histoire suiuant la Chronique de Normandie, les enfans qu'elle y eut, dont la premiere fut vne fille qui nâquit à Donfront.

Du Moulin liure 12. chap. 1. mit.

Et

Et moins encores se peut disputer auec raison la naissance d'Edoüard premier, non plus que des deux autres ses descendans, puis que la Chronique d'Angleterre fait foy que ce Prince, qui apres le deceds de son pere Henry III. succeda au Duché de Guienne, fut surnommé de Wintcestre, pource qu'il y estoit nay.

Mais outre ces exemples Anglois, il n'y a rien à redire que les Princes de la Maison d'Austriche n'ayent aussi tenu & possedé par succession hereditaire les Comtez de Flandres, d'Artois, & de Charolois, quand ils estoient fiefs mouuans & dependans de la Couronne de France, auparauant la prise de François premier, & l'alienation de la souueraineté de ces trois pieces par le traité de Cambray en 1529.

Notamment Philippes Archiduc, qui en porta l'hommage au Roy Loüis XII. entre les mains du Chancelier de Rochefort dans la ville d'Arras en Aoust 1549.

Registre des Ordonnances Royaux. Et Ragueau le remarque en son Indice 66. hommage Lige, où toutefois il est mal datté du 5. Iuillet 1499.

Que les Princes de la Maison d'Est, Alphonse premier du nom, Duc de Ferrare, Hercules second, Aloïs Cardinal de cette Maison, & Alphonse dernier Duc, n'ayent aussi hereditairement ioüy des biens qui leur appartenoient en France, tant de leurs acquests que du chef, & par succession de Madame Renée de France, fille du Roy Loüis XII. mariée à Hercules II.

Duchesse de Nemours, à l'exclusion de Cesar d'Est, Duc de Modene, comme inhabile, non par obstacle d'Aubaine, mais de bastardise. Set uin d. plaid. 36.

Que les Ducs de Lorraine, notoirement non regnicoles, n'ayent toutefois durant plusieurs siecles, esté admis & maintenus par succession & droict d'heredité en la possession & iouyssance des Duché de Bar, seigneurie de Clermont, & autres fiefs dependans & mouuans du Royaume & Couronne de France.

Comme aussi les Roys & Princes de Nauarre ont succedé, & herité des biens que de tout temps leur Maison a tenu dans ce mesme Royaume; Et (s'il est loisible de passer iusques là,) Henry le Grand, de tres-auguste & glorieuse memoire, pour auoir pris naissance à Pau, ville de Nauarre, n'a pas pourtant esté moins capable du Royaume & Couronne des Fleurs-de-Lys.

Non plus qu'apres le mariage, de Ieanne fille de Henry premier Roy de Nauarre, auec Philippes le Bel, ses descendans François n'ont pas laissé pourtant de succeder au Royaume de Nauarre.

Ainsi le Roy de la grande Bretagne Iacques dernier decedé, pour estre nay en Escosse, n'a pas aussi laissé d'estre appellé & receu à la Couronne d'Angleterre.

Ce qui fait voir vne suite & possession continuée par le commun consentement de tous les peuples & des Princes, du droict d'entre-cours & successions des Souuerains dans les Estats les vns des autres,

---

Notes marginales :

Du Chesne li. 14. n. 8.

Le procez verbal de cet hommage, dressé par I. Ausamis Secretaire d'Estat, est au [Registre des Ordonnances Royaux...], où toutefois il est

V. L'histoire des Princes de cette Maison par Bapt. Pign. & des mesmes biens fut en 1601. celebrement plaidée vne cause au Parlement de Paris, qui les adjugea à Madame Anne d'Est,

P. Matth. histoire de la vie & de la mort de Henry IV.
Aubigné Tom. 1 liu. 1.
De Serres en l'Eloge de ce Prince, pag. 1118, de l'impression que dessus.
Annale d'Aquitaine part. 4 ch. 11. fol. 100
Voyez les Lettres du Cardinal d'Ossat liu. 7. Lettre 33. où se voyent neantmoins quelques raisonnemens qui se faisoient lors à Rome par les Espagnols contre cette succession.

fans lequel s'enfuiuroit, contre les maximes de Iustice & d'Estat tenuës
pour inuiolables en France, que les Roys Tres-Chrestiens, pour auoir
pris naiffance dans leur Royaume, ne pourroient rien pretendre fur celuy de Naples, & Duché de Milan.

Mais pour approcher de plus pres le fujet de la caufe, & fortifier la
propofition de ce parcours entre Souuerains, par des exemples dome-
ftiques aux parties, il y en a trois fort remarquables.

L'vn pour la fucceffion des Princes eftrangers dans le Royaume,
en la perfonne de Marguerite Paleologue, Ducheffe de Mantoüe,
trifayeule de fon Alteffe, laquelle eftant née dans le Montferrat,
neantmoins a eu par fucceffion les biens fituez & delaiffez en France
par Madame Anne d'Alançon fa mere, d'où font venuës à la Maifon
les terres de la Guierche en Anjou, Chafteau Gontier, Senonches,
Brefolles, & Pouançay.

Et n'eft nullement à croire que ces biens foient immediatement
venus à Ludouic de Gonzague Duc de Neuers, par le deceds de ladite Dame leur ayeule maternelle, fans qu'ils ayent onc appartenu à
Marguerite Paleologue fa mere.

Puis qu'il eft tres-veritable, au contraire, que des mefmes biens
efcheus à Guillaume, Duc de Mantoüe, & à Ludouic fon frere,
de l'eftoc maternel, le partage ne fuft fait qu'apres la mort de ladite
Marguerite leur mere decedée en 1565.

Et que leur ayeule maternelle Anne d'Alençon, de qui le mariage
auec Guillaume Paleologue, Marquis de Montferrat, fut traité dés
l'an 1493. eftoit morte auparauant toutes lettres obtenuës, tant pour
ladite Marguerite & fes enfans, autres que Ludouic, en 1539. que pour
Ludouic mefme en 1550. n'ayant pas icelle d'Alençon long-temps fur-
uefcu à Boniface fon fils decedé dés l'an 1529.

D'où s'enfuit, & faut aduoüer de deux chofes l'vne; ou que ces
biens d'Anne d'Alençon apres fa mort, ont legitimement appartenu
à Marguerite fa fille, comme non fujete à l'Aubaine, & par elle ont
efté tranfmis à fon fils Ludouic: Ou que fi Ludouic immediatement les
a recueilly, les Lettres par luy obtenuës feulement en 1550. ont donc eu
vn effect retroactif au deceds de ladite d'Alençon. Ceffant quoy, il eft
certain que dans l'entretemps dudit deceds, & de l'impetration defdites Lettres, ces biens, à caufe de l'incapacité, tant de ladite Marguerite, fi elle auoit efté confiderée comme Aubaine, que dudit Ludouic
fon fils, comme n'eftant pas encore naturalifé, feroient deuolus à vn
tiers, foit parent regnicole de la defuncte, foit le fifc qui les auroit
exclus, & au prejudice duquel, le droict vne fois acquis, n'auroit peû
eftre alteré par la furuenance defdites Lettres.

Les deux autres exemples, pour la fucceffion des Princes François
de naiffance, ou tenus pour tels hors le Royaume, fe rencontrent:

Coquille hiftoire de
Niuernois, pag. 254.

Ant. Poffeuin. in Gon-
zag. lib. 7. pag. 763. &
768.

Hiftoire genealogi-
que de Saincte-Mar-
the.
Poffeuin. D. lib. 7.

L'vn en la perfonne du mefme Ludouic, bifayeul paternel de Monfieur de Mantoüe, lequel bien que retiré, habitué pour toufiours, &
marié en France, n'a pas laiffé d'auoir fon partage à Mantoüe. L'autre,
en celle du feu Sereniffime Duc, Charles premier du nom, des biens
duquel il f'agit à prefent, qui eftant né François, a toutesfois efté re-
connu, receu, & maintenu par les armes du Roy en Italie, comme
vray & legitime fucceffeur de Vincent fon coufin, és Eftats de Mantoüe & de Montferrat.

Lefquels exemples, notamment le dernier, font d'autant plus con-
fiderables, que la raifon & le motif principal du droict d'Aubaine,
qui mefme eft declaré dans l'extraict de la Chambre des Comptes cy
deffus mentionné, ne peut encore quadrer ny conuenir au fait qui fe
prefente, puis que ledit extraict porte, que les Princes & Seigneurs
fouuerains, voifins du Royaume de France, vfans de ce mefme droict
d'Aubaine en leurs terres fur les originaires du Royaume de France,
il a efté trouué raifonnable que le Roy exerceaft le mefme droict dedans fon Royaume fur les fujets des Princes eftrangers; Et qu'il eft
notoire que ledit Sereniffime Duc Charles de Gonzague, ayeul de
Monfieur le Duc de Mantoüe, quoy que né François, a neantmoins
efté receu à fucceder aux Eftats de Mantoüe & de Montferrat, apres
Vincent fecond, Duc de Mantoüe, fon predeceffeur, qui fe voyant
hors d'efperance d'auoir enfans au mois de Decembre 1627. peu
auparauant fon deceds, apres auoir declaré ledit Charles de Gonzague Duc de Neuers, fon heritier legitime aux Eftats de Mantoüe &
de Montferrat, & fait proclamer tel parmy fes fubjets, qui luy prefte-
rent le ferment de fidelité, entre les mains de Monfieur le Duc de
Rethelois fon fils, à caufe de fon abfence, & luy eftant arriué quelque temps apres, fes fubjets le recogneurent en la mefme qualité, &
prit poffeffion des Eftats de Mantoüe & du Montferrat, & fut reco-
gneu en cette qualité, en laquelle il eft notoire, comme il a efté vi-
uement attaqué par les armes de l'Empire, de l'Efpagne & des Princes confederez, fous pretexte de fa naiffance & de fon extraction
du Royaume de France, & qu'il eftoit fubjet & vaffal du Roy, ce qui
a coufté la vie & les biens à la plufpart de fes fubjets, & euft caufé la
ruine & fubuerfion entiere de fes Eftats, fi le Roy ne l'euft fecouru
par la force de fes armes. Quelle raifon donc y auroit-il de rejetter
& exclure de la fucceffion de quelques Duchez particuliers & biens
fituez en France, ceux qui reçoiuent les François à fucceder en leurs
Eftats & Souuerainetez?

La maxime de Droict eftant auffi veritable que vulgaire & commune, que le droict de fucceder doit eftre reciproque, *Eadem debet effe
ratio fuccedendi, & reciproca hæreditatis delatio.* Si donc l'on veut que les
Princes de France & fubjets du Roy, fuccedent hors le Royaume aux

*L. penult. §. & ideo fanc-
cimus, C. de adoptioni-
bus, & §. filium authen-
tica, quibus medis na-
tura, offi. fui.*

souuerainez qui leur sont deferées par succession, il faut aussi que les Princes estrangers, sans demeurer d'accord que Monsieur le Duc de Mantoüe soit de cette qualité, succedent aux terres & seigneuries qui leur sont laissées dans le Royaume, puis qu'il est bien certain que la loy d'Aubaine n'a point de lieu où il y a droict de succession mutuelle : mesmes entre nations voisines sujettes à diuers Princes, cómme autrefois entre les Masconnois subjets du Roy, & les Bressans, lors que le Duc de Sauoye tenoit la Bresse, & entre ceux du Duché de Bourgongne & de la Franche Comté, pource que le droict de succeder entr'eux estoit mutuel & reciproque, la loy d'Aubaine n'y auoit point de lieu. Et c'est pourquoy par les traictez de paix entre la Couronne de France & d'Espagne, pour les Duchez, Comtez, & Seigneuries de Brabant, Lembourg, Luxembourg, Flandres, Artois, Bourgongne, & autres, les subjets desquelles Prouinces, nonobstant le droict & la coustume d'Aubaine, succedant aux fiefs, terres, & seigneuries, & biens meubles de leurs proches parens, estans dedans le Royaume de France, il fut aussi accordé que les subjets & habitans du Royaume aux biens qui leur seroient delaissez par leurs parens assis esdites Duchez, Comtez, & Seigneuries succederoient reciproquement, d'où sont issus ces droicts de societez de parcours & entrecours, qui estoient autrefois entre les habitans du pays de Champagne & ceux du Barrois, dont il est fait mention en la Coustume de Vitry, & entre les hommes & subjets de l'Euesché de Thoul & les habitans de Vaucouleurs, auparauant que cette terre fust reünie au Domaine : & sur ce qui est declaré par la mesme Coustume de Vitry, Que les nobles natifs du pays d'Allemagne, Brabant, Lorraine, & autres lieux succedent à leurs parens decedez és biens delaissez au Bailliage de Vitry, Maistre Charles du Moulin sur cet article dit, Que les habitans de Vitry doiuent aussi succeder en tous ces pays, *vt eodem iure inuicem vtantur*, se seruant pour cela de l'equité de l'Edit du Preteur, *Quod quisque iuris*, d'où l'on peut inferer que puis qu'on a receu vn François à succeder au Duché de Mantoüe, les Ducs de Mantoüe doiuent vser du mesme droict aux biens qui leur sont escheus par succession en France.

Article 72.

Apres auoir estably cette premiere proposition que les Princes souuerains ne sont point subjets au droict d'Aubaine, & qu'ils en ont tousiours esté exemptez en France ; Il est facile de prouuer la seconde, & venir à l'assomption, qui est que Monsieur le Duc de Mantoüe est Prince souuerain.

Le premier acte de souueraineté est de donner la loy à ses subjets, ce qui procede d'vne plaine puissance souueraine du Superieur, & c'est ce que les Ducs de Mantoüe font dedans leurs Estats, tellement que leurs decrets & constitutions sont appellez le droict Ciuil de leurs peuples, cóme ont remarqué ceux qui ont escrit du pouuoir & dignité des

Iob chap. 36.
Ecce Deus excelsus, nullus ei similis in Legislatoribus.
Ludouicus Radolphinus de origine, dignitate, & potestate Ducum Italia.

Potentats d'Italie, & particulierement de celuy du Duc de Mantoüe.

Vne autre marque de fouueraineté eſt d'eſtablir des Magiſtrats repreſentans la Majeſté du Prince, qui ſont les loix viuantes & animées, ce qui n'appartient encores qu'à vn Prince ſouuerain, & n'eſt point dénié au Duc de Mantoüe, lequel inſtitue officiers, & eſtablit les Iuges & Magiſtrats en titre eminent de Senat pour l'execution de ſes loix & ordonnances entre ſes ſubjets.

Il denonce la guerre, il fait la paix, cognoiſt en dernier reſſort, impoſe tailles, octroye graces, & forge monnoye, qui ſont tous droicts inſeparables de la perſonne du Souuerain, & tellement attachez à la ſouueraineté, que quiconque en entreprend aucun, eſt coupable de leze Majeſté, comme à l'eſgard du Duc de Mantoüe, L'autheur cy deſſus rapporté remarque, que l'on commet contre luy le crime de leze Majeſté, qui eſt encores vne marque certaine de ſouueraineté.

En toutes ſes Lettres il prend le titre, Par la grace de Dieu Duc de Mantoüe; termes dont les ſeuls Souuerains peuuent vſer, & qui reſmoignent qu'ils releuent leur puiſſance de Dieu ſeul.

Et il y a pluſieurs Docteurs celebres qui ont eſcrit que le Duc de Mantoüe peut en ſon Duché autant que l'Empereur en ſon Empire, qu'il eſt Empereur & Auguſte, & qu'il ſe peut appeller Roy dans ſon Duché, y ayant vne puiſſance Royale & Imperiale; ce qu'on dit auſſi du Duché de Montferrat.

Il eſt vray que le Duc de Mantoüe prend l'inueſtiture de l'Empereur, mais il ne laiſſe pas d'eſtre Souuerain, puis que pour ſa perſonne il n'eſt iuſticiable d'aucun, & que la puiſſance abſoluë luy demeure ſur ſes ſubjets, ſur leſquels il ordonne de luy meſme tout ce qu'il luy plaiſt. En quoy Platon dit conſiſter le droict du Souuerain qu'il appelle pour cela, αὐτεπίτακτης, les Souuerains eſtans comparez aux Aſtres qui éclairent d'eux meſmes, & brillent d'vne lueur naturelle propre & née auec eux, & laquelle ils n'empruntent de perſonne.

font formels, *Ibi, ſicut huc vſque iuri regni noſtri & dominio ſubdita ſunt, ita amodò præfati Aledramidominio ſubdantur, & omnia transfundantur,* dum το', ſicut omnimodam, in omnibus, & per omnia ſimilitudinem denotat. DD. ad l. ſicut, C. de repud. vel abſt. hæred.　　　*Plato in Politico, p. 159.*

Tous les Potentats d'Italie & d'Allemagne, quoy que vaſſaux de l'Empire, ne laiſſent d'eſtre Princes ſouuerains dans leurs Eſtats, pource qu'ils ioüyſſent de tous les droicts attribuez à vne ſouueraineté parfaite, abſoluë & accomplie.

Autremét il faudroit dire que tous ces Roys de Hieruſalem, Naples, Sicile, Sardaigne, Corſegue, Grenade, Hongrie, Angleterre, Hibernie, & autres feudataires du ſainct Siege ne ſeroient point ſouuerains, ny meſme le Royaume d'Arragon & de Caſtille, lors qu'il fut ſoubmis au Roy de France Charles V. par Henry II. Roy de Caſtille, qui promit tant pour luy que pour ſes ſucceſſeurs d'eſtre vaſſal, & tenir ces deux Royaumes du Roy de France par vn traité de l'an 1329. qui est gardé en bonne forme dedans le Tresor des Chartres de France.

Or ce seroit absurdité de dire que tous ces Royaumes ne fussent pas souuerains, & que la souueraineté d'iceux residast pardeuers le Pape ou l'Empereur, & non pardeuers les Roys qui y commandent auec plaine & entiere puissance, & vn commandement souuerain & absolu sur leurs peuples & subjets, qui ne recognoissent point le Pape ny l'Empereur pour leurs Souuerains, lesquels aussi par leurs inuestitures ne se reseruent ny le ressort, ny la souueraineté.

Et quoy que la feudalité semble diminuer quelque chose du lustre d'vn Estat souuerain, & fasse qu'il ne soit pas si pur, si auguste, & si majestueux que celuy qui ne recognoist aucun Prince, qui ne tient que de Dieu & de l'espée, comme le Roy de France, toutesfois le Prince qui possede vn Estat de cette qualité, ne laisse pas d'estre plainement souuerain, puis qu'il ioüyt de tous les droicts appartenans au Souuerain, & que ceux à qui il commande, ne sont subjets qu'à ses loix, c'est comme vn heritage qui seroit asseruy à quelque charge, duquel on ne laisse d'estre maistre absolu & proprietaire.

Que si à la qualité de Prince souuerain l'on adjouste celle qui n'est pas moins glorieuse à son Altesse de Mantoüe, de proche parent du Roy, tant du costé de la Maison Auguste de Bourbon, le plus illustre tige de la Chrestienté, que de celuy de la Royne-Mere, & encores de la Royne regnante, de laquelle Madame la Duchesse de Mantoüe, mere de son Altesse, est niepce, outre la descente de la Maison de Cleues, par laquelle il est encores conjoint de parenté & d'affinité auec sa Majesté, l'on ne traictera pas vn Prince souuerain si proche parent du Roy, comme vn estranger, terme directement contraire & opposé à celuy de parent. La loy d'Aubaine qui est vne loy ciuile & politique du Royaume, ne pouuant pas corrompre les droicts naturels du sang & de la parenté, dont les liens sont indissolubles, & puis que son Altesse de Mantoüe a la communion du droict naturel auec sa Majesté, elle ne sera pas excluse de la participation du droict ciuil des successions dedans son Royaume.

Mais comment son A. de Mantoüe seroit-elle estrangere en France, attendu la confederation & amitié si estroite auec la Couronne, dont le Roy fait vne si expresse declaration par ses Letres de l'année 1634. lors qu'il nomme Mᵉ le Duc de Mantoüe son allié & confederé, lequel il a pris en sa protection? S'il est vray que les Grecs appelloient les estrangers ennemis, comme aussi faisoient les Latins, comment les alliez, amis & confederez de l'Estat seroient-ils estrangers dans l'Estat? Et de fait, les Duchez de Mantoüe & de Montferrat estant escheus à Charles de Gonzague Duc de Neuers, l'vn de ses Princes, ayeul de son Altesse, sa Majesté le voulut proteger & defendre de l'oppression de ses enne-mis qui pretendoient enuahir ses Estats. Le Roy donc l'ayant assisté si puiſſamment de la force de ſes armes contre ſes ennemis, ſa Majeſté permettra-elle que les proches parens de ſon petit fils le deſpoüillent dedans le Royaume de ce qui luy appartient legitimement, & luy eſt deferé par la ſucceſſion de ſon ayeul?

Les gages de cette alliance eſtant la ville de Cazal & le Montferrat, duquel la France ſe ſert comme d'vn rampart & bouleuart au deuant de Pignerolles, & pour arreſter le progrez de l'Eſpagnol en Italie, où il n'eſt desja que trop puiſſant, comment donc la France, que ſon Alteſſe de Mantoüe recognoiſt pour ſa protectrice, qui l'a affranchy de la ſeruitude de ſes ennemis, & à laquelle elle eſt liée & obligée par le vœu d'vne fidelité conſtante, d'vne affection ſinguliere, & d'vne deuotion tres-parfaite, le rejettera-elle comme vn eſtranger?

Les alliez parmy les Romains eſtoient tenus & reputez pour citoyens de Rome, tellement qu'apres l'alliance faite auec les Latins par le Conſul Spurius Caſſius, ils vſoient librement du droict de la cité Romaine, & apres l'alliance des peuples d'Authun, de Langres, de Reims, Bourges, Xainctonge, Meaux, & autres anciens peuples des Gaules auec les Romains, ils eſtoient receus & admis aux charges les plus honorables de la ville de Rome.

Et ce fut par l'aduis de Mœcenas que l'Empereur Auguſte declara, Que tous les alliez du peuple Romain ſeroient tenus pour citoyens de Rome, ce qui fut encores plus exactement obſerué par les Empereurs ſuiuans, & particulierement par Antoninus Pius, qui publia cette loy generale, par laquelle tous les Prouinciaux furent rendus citoyens Romains, en quoy furent verifiez ces deux beaux vers : *L. in orbe, ff. de ſtatu hominum & non. 72. c. 5.*

> *Feciſti patriam diuerſis gentibus vnam;*
> *Vrbem feciſti, quæ priùs orbis erat.*

C'eſt pourquoy le Iuriſconſulte a fort bien dit, qu'entre les Romains & leurs alliez, *non erat ius poſtliminij,* pource que les peuples confederez retiennent touſiours la liberté & la proprieté de leurs biens parmy les citoyens Romains, comme s'ils eſtoient demeurez en leurs pays, à cauſe de la communion & participation de droicts entre les alliez & confederez ; Et pour la meſme raiſon ils n'ont beſoin de recouurer, *iure poſtliminij,* ce qu'ils n'ont point perdu. Les termes de la Loy ſont, *Non inter nos atque eos (id eſt fœderatos) poſtliminium eſſe, etenim quid inter nos atque eos poſtliminij opus eſt, cùm & illi apud nos & libertatem ſuam & dominium rerum ſuarum æquè atque apud ſe retineant, & eadem nobis apud eos contingant?* *L. Non dubito. ff. de captiuis.*

Et de là ſuit vne conſequence tres-certaine que l'edition vulgaire d'Haloander eſt meilleure qu'aucune autre, & qu'il faut neceſſairement lire au commencement de la Loy, *Non dubito quin fœderati & liberi nobis externi non ſint,* non pas ſelon les Pandectes de Florence, *externi ſint,* autrement la fin de la Loy ne conuiendroit pas au commencement:

Car puis que de part & d'autre entre les Romains & leurs confederez, chacun retient sa liberté, & la jouyssance de ses biens, il s'ensuit qu'il y a vne communication de droicts entr'eux, & qu'ils ne sont point l'vn à l'autre estrangers. Aussi Monsieur Budée en ses Pandectes tient absolument que la lecture vulgaire d'Haloander est la plus seure qui porte, *fœderati externi non sint.*

Oratione pro Cornelio Balbo.

Il est vray que Ciceron dit que les Prestres des Prouinces de la Grece, qui estoient alliez du peuple Romain, auoient accoustumé d'obtenir le droict de la cité Romaine, *Ne sacra etiam externo sacerdote peragerentur*; mais cela pouuoit proceder de quelque traicté particulier de leur alliance & confederation; ou bien l'on peut dire que le droict des alliez & confederez s'estant depuis augmenté du temps d'Auguste, sous lequel ils furent declarez tous citoyens Romains, l'Autheur de cette Loy, qui viuoit sous la fin d'Auguste, & au commencement de l'Empire de Tybere, dit fort bien que les alliez n'estoient point estrangers.

l. de Domanio, tit. 2.

In l. 5. ff. de captiuis.

Ce qui a esté receu en France, où Mr René Chopin a remarqué que, *fœderati nostris populi Albinorum lege Francica soluti sunt,* & Godefroy en ses Notes a fort bien dit que par l'vsage de la France le droict d'Aubaine n'a point de lieu à l'esgard des alliez, *Ius nullum regibus competit in bonis fœderatorum quod Gallis scitu est vtile, propter ius albinagij apud eos receptum.*

Que si à la qualité de Prince souuerain, & qui a l'honneur d'estre proche parent du Roy, outre la susdite alliance & confederation, nous joignons les grands & recommandables seruices rendus à la Couronne par les premiers Comtes de Neuers, ceux de la Maison de Bourgongne, de Cleues, de Gonzague, mesmes par les Princes de Mantoüe & du Montferrat, dont les histoires nous rendent de si grands & honorables tesmoignages, Ce lien du sang & de la parenté, astraint encores du nœud de l'affection & bienueillance, & d'vne obligation si estroite à la memoire recommandable des parens si passionnez pour le bien de l'Estat, ne permettra iamais que ceux qui sont descendus de cette grande & illustre famille, soient reputez estrangers dedans le Royaume.

L'histoire fait foy que les premiers Comtes de Neuers, Bernard & Guillaume, qui viuoient en l'an 880. firent de grands & signalez seruices à la France, en la guerre qui estoit alors contre Boson Roy d'Aquitaine, lequel pretendant à la Couronne de France apres le deceds du Roy Charles le Chauue, dont il auoit espousé la sœur, fut vaincu en guerre par Charles le Gros, assisté desdits Bernard & Guillaume Comtes de Neuers.

Coquille, histoire de Neuers p. 47. & 117.

Philippes le Bon, Duc de Bourgongne, apres le traicté d'Arras, ayant aydé puissamment le Roy Charles VI. à recouurer le pays qu'il auoit perdu; Philippes de Bourgongne Comte de Neuers son nepueu, con-

tinua

tinua de rendre à la France les preuues illuſtres de ſa vertu, ayant eſté
tué combatant valeureuſement pour le ſeruice du Roy à la bataille
d'Azincourt. Charles de Bourgongne Comte de Neuers à la ſuite de
tous ces beaux exemples, ayant accompagné le Roy Charles VII. en la
conqueſte de la Guyenne & de la Normandie, y fut fait Cheualier en
l'an 1450. en recognoiſſance de ſes braues exploicts & de ſes hauts faits
d'armes.

Les ſeruices d'Engilbert de Cleues, dont il eſt fait ſi glorieuſe mention dans les Lettres d'erection du Duché de Neuers de l'an 1538. ſont
ſignalez & remarquables, la Iournée memorable de Fournoüe ayant
eſté le champ ſpacieux de ſa gloire, en laquelle il combatit à pied à la
teſte des Suiſſes, comme leur General, & contribua beaucoup à la vi-
ctore du Roy Charles VIII.

François de Cleues, petit fils d'Engilbert, fut bleſſé à la bataille de
Dreux, combatant pour le ſeruice du Roy, dont il mourut incontinent.

Les Marquis de Montferrat deſcendus de l'ancienne Maiſon de Saxe,
Et de la meſme tige d'où eſt venuë la Maiſon de France qui regne ſi heureuſemēt,
ont rendu tant de teſmoignages de leur affection & deuotion particu-
liere enuers la France, que Boniface III. Marquis de Montferrat, fut   Coquille, hiſtoire de
vn des principaux Chefs de l'armée Françoiſe au voyage de la terre   Niuernois, pag. 311.
Saincte ſous Philippes Auguſte; & ce zele & affection à l'Eſtat & au
Royaume, paſſa iuſques aux femmes, s'eſtant trouuée vne ſage & ve-
nerable Marquiſe de cette haute & illuſtre Maiſon, appellée par Comi-   *Lib. 8. cap. 5.*
nes, grande Partiſane des François, laquelle preſta à Charles VIII. ſes
bagues & pierreries qu'il engagea pour douze mil ducats, allant à la
conqueſte du Royaume de Naples, & ſecourut encores le Roy en d'autres rencontres, & particulierement pour la priſe de la ville de No-
uarre.

François, Marquis de Mantoüe, ne s'eſt pas rendu moins recommandable à la France, encores qu'il ait eſté de la ligue des Princes d'Italie, qui s'oppoſerent à Charles VIII. retournant de la conqueſte du Royaume de Naples, & fut General de l'armée Venitienne en la   Commines, liure 8.
Iournée de Fornoüe; Mais incontinent apres il rentra dans le party de   chap. 5.
France pour le ſecond voyage du meſme Roy en Italie, auquel il ame-   Coquille, hiſtoire de
na les Vrſins, les Vitellis, & le Prefect de Rome, frere du Cardinal de   Niuernois, pag. 332.
ſainct Pierre aux liens, auec quinze cens hommes d'armes Italiens: De Serres, en Char-
Et depuis encore fut à Milan pour s'aboucher auec le Roy Louys XII.   les 8. impreſſion que
qui recognoiſſant ſes ſeruices & merites, luy donna vne Compagnie   deſſus.
de cent Lances, & penſion honorable, auec l'Ordre de ſainct Michel,
& l'Eſtendart de cette Milice, que depuis Louys XI. nul n'auoit eu   Guicciard. liu. 
l'honneur de porter.

Mais la memoire de tous les beaux exploicts de Ludouic de Gon-

C

zagues, pere de Charles I. ayeul de son Altesse, est encore viuante & re-
sonne aux oreilles d'vn chacun, lequel transplanté d'Italie comme vne
Palme glorieuse dans le sein de la France, deuoüé dés son ieune aage
par Federic Duc de Mantoüe son pere au seruice des Roys de France,
fut fait prisonnier à la bataille de sainct Quentin, & quoy qu'il fust sol-
licité par Fernand de Gonzague son oncle, qui estoit au seruice du
Roy d'Espagne, auquel il le vouloit attacher, promettant de luy faire
remettre sa rançon, ayma mieux payer soixante mil escus de rançon
que de quitter le seruice de France, & depuis se signala au siege du Ha-
vre de Grace, où il gagna le premier la contr'escarpe d'vn bastion ; &
ayant esté fait Gouuerneur du Piedmont par le Roy Charles IX. prit
les villes de Vienne & de Mascon, qui estoient tenües par les ennemis
du Roy, ayant fait reluire par tout la gloire de ses braues exploicts &
de ses hauts faits d'armes.

Ainsi son Altesse de Mantoüe, illustre rejetton de tant de nobles
tiges, descendu de tous ces braues Heros & vaillans Capitaines, qui ont
employé leur vie pour la conseruation de l'Estat, & seellé tant de fois
de leur sang l'amour qu'ils portoient aux Roys de France leurs proches
parens & alliez, n'y doit pas estre traité comme barbare & estranger.

Voila pour ce qui concerne le premier poinct que Monsieur le Duc
de Mantoüe, estant Prince souuerain sous la protection du Roy, &
vny à la Couronne par les nœuds indissolubles du sang, & de toutes ces
illustres alliances, & sa fidelité engagée par tant de hautes & genereuses
actions de ses predecesseurs, ne peut estre tenu pour estranger, & que la
Loy d'Aubaine ne doit estre pratiquée contre luy.

Succede le second moyen

*Que Monsieur le Duc de Mantoüe, originaire de France, fils
& petit fils de Princes naturels François, est capable de succeder en France.*

Chapitre II.

IL y a deux sortes d'origine en Droict, l'vne est l'origine propre, à
sçauoir le lieu auquel on est né, & l'autre l'origine paternelle, qui
est le lieu de la naissance du pere. Et est à remarquer qu'on est reputé
originaire, *ex quacumque origine*, & principalement de celle du pere, en
sorte que le Iurisconsulte dit que, *filius ciuitatem ex qua pater eius natu-
ralem originem ducit, sequitur*, & l'on ne considere point le lieu de la naissance du fils, lequel encores qu'il soit né au pays de la mere, il est neantmoins reputé originaire du lieu où le pere a pris sa naissance : *Filios originem patris non maternæ ciuitatis, etsi ibi nati sint, sequi explorati iuris
est.*

l. assumpsio, §. 1. ff. ad
emunicipalem.
L. filios C. de munici-
pibus & originariis li. 10.
L. 1. ff. ad munipalem.
Herodot. in Clio.

XIX.

Il y eut bien vn priuilege octroyé par Pompée le Grand aux femmes Ilienſes & Pontiques, que les enfans ſeroient reputez originaires du pays de leurs meres, comme on dit que les Lyciens ſe faiſoient appeller du nom de leur mere; mais ceſſant le priuilege ou quelque droict particulier, les enfans ſont touſiours reputez originaires du pays de leurs peres, dont il y a pluſieurs deciſions en Droict. Auſſi la maxime de Droict eſt certaine, *Liberi patris, non matris conditionem ſequuntur*, pource qu'en effect le pere, au rapport des Medecins, eſt le veritable autheur de la generation, la femme n'y contribuant que le lieu, *Mulier ſi ſuſcepto ſemine peperit maſculum*, comme il eſt dit au Leuitique, il s'enſuit que l'enfant, ſuiuant la condition de ſon pere, duquel il tire le principe de ſon eſtre & de ſa generation, ſera auſſi reputé originaire du pays du pere, ce qui reçoit encores moins de difficulté quand l'origine de l'ayeul eſt ſemblable, *Origo enim aui inſpicitur*.

L.196 ff.de verb.ſignif.

Leuit. cap. 12.

Bartol. ad l. adſumptio. 6. §. D. ad municipal.

En Grece pour eſtre reputé citoyen, il falloit eſtre né de pere & mere citoyens, & celuy qui n'eſtoit citoyen que d'vn coſté, eſtoit appellé νόθος, comme Themiſtocles qui auoit ſa mere eſtrangere & natiue de Thrace, & ſon pere ſeulement Athenien; Mais à Rome c'eſtoit aſſez que le pere fuſt citoyen, *Qui ex patre campano & matre puteolana eſt, municeps campanus eſt*.

Plutarque en Themiſtocle.

L. 1. ff. ad municipalem.

D'où tous nos anciens Docteurs François, Benedicti, Guimier, Boërius & autres, ont conclud que l'enfant d'vn pere François né en pays eſtrange, eſt reputé François en conſideration de l'origine de ſon pere; & entre les recens, Monſieur Faber Preſident de Chambery dit expreſſement, *Si quis ex alieno territorio in quo natus fuit ad paternæ originis locum redierit, non pro albino, ſed pro ciue & originario debet haberi*. Et Godefroy ſur les fragmens d'Vlpian obſerue que, *Si Galli apud peregrinas gentes morentur, & ibi liberos ſuſcipiät, fruentur liberi iure Gallico, ideo non tantum hæreditatis paternæ dominium retinebunt, ſed etiam hæredes ab aliis inſtitui poterunt*, pource qu'ils ſont François origine paterna, & ex Gallia oriundi, car non ſeulement ceux qui ſont nez en France, orti ex Gallia, ſont eſtimez François, ſed etiam oriundi ex Gallia, c'eſt à dire, qui ſont nez hors de France, mais de parens François, le lieu de l'origine du pere eſtant plus conſiderable que celuy de la ſimple naiſſance.

C. Fabrian. lib.9.tit.30. de fin. 24.

Tit.5. §. 8.

Et c'eſt pourquoy quand Auguſte par ſon Edict general qui fut fait en la ville de Tarragone en Eſpagne, voulut faire la deſcription & l'enregiſtrement des ſubjets de l'Empire Romain, *Ioannes Gerundenſis de rebus Hiſpanicis*, apres Otthon Eueſque de Friſinghen remarque qu'il ordonna, *Vt quiſquis proficiſceretur in ciuitatem de qua erat oriundus & vnde duxerat originem, quamuis alibi natus fuiſſet, ita vt quiſque cogeretur ſeſe recipere ad ſua proſapiæ traducem, vel ſua familiæ patriam, non autem ad eum ocum in quo natus erat*.

Chronic. lib. 3. cap. 5. Luc. cap. 2.

C ij

Or ce droiꝗ naturel de l'origine paternelle eſt bien plus fort que celuy de l'origine propre, c'eſt à dire du lieu de la naiſſance, *Paterna origo quæ naturalis eſt, potentior eſt ſimplici origine propria, quæ ſæpè accidentalis eſt;* La naiſſance en vn lieu ou en vn autre ne dependant que de l'occaſion d'vn voyage ou d'vne autre rencontre : C'eſt pourquoy l'on conſidere pluſtoſt le lieu de l'origine du pere, que celuy de la naiſſance de l'enfant, & le droiꝗ de ſucceder qui vient de la nature, & qui dépend de la parenté & conſanguinité, ſe doit bien pluſtoſt regler par l'origine qui eſt auſſi naturelle, que par le lieu de la naiſſance, laquelle n'eſtant qu'accidentaire, ne peut pas changer le droiꝗ de l'origine paternelle. Qu'vn François donc change de demeure tant qu'il voudra, & qu'il ait des enfans en vn autre pays, pourueu qu'il demeure François, & qu'il n'ait point renoncé à ſon pays, la France demeurera touſiours patrie naturelle & originaire à ſes enfans.

Vn François qui ſans permiſſion du Roy ſe retireroit du Royaume, & paſſeroit pour s'habituer en vn autre pays, perdroit le droiꝗ de la cité Françoiſe, *Prohibent diſcedere leges, pænaque propoſita eſt patriam mutare volenti.* Et partant les enfans qu'il auroit eu hors de France ne ſeroient plus reputez citoyens, mais perſonne ne dira que Charles de Gonzague, Duc de Neuers, ayeul de ſon Alteſſe de Mantoüe, qui eſt party du Royaume par la permiſſion du Roy, pour recueillir deux Principautez ſouueraines en Italie, pour l'honneur de la France, fuſt deſerteur de ſon pays, & qu'il peuſt eſtre blaſmé de fuite & abandonnement du ſeruice & deuotion d'vn François tres-affeꝗionné à la gloire de ſon Prince.

Charles Prince de Mantoüe, pere de ſon Alteſſe, eſtant ſorty de France par la permiſſion du Roy, pour ſatisfaire à la volonté de Ferdinand Duc de Mantoüe, qui auoit prié Charles Duc de Neuers ſon pere de le luy enuoyer, lequel eſpouſa Madame la Sereniſſime Ducheſſe mere & tutrice de ſon Alteſſe de Mantoüe, peu de temps auparauant la mort de Vincent II. Lequel mariage fut non ſeulemét agreé par le Roy, mais encores fait par la volonté & entremiſe de ſa Majeſté, ne ſera pas accuſé de defeꝗion, comme ceux dont parle la loy, *Qui deficiunt, & ab his quorum ſub imperio ſunt, deſciſcunt, ciuitatem Romanam amittunt :* L'obeiſſance que ledit ſeigneur Prince rendit en cela aux commandemens du Roy, luy a conſerué ſon droiꝗ de naiſſance, d'origine & d'extraꝗion. Et comme ceux qui paſſoient en pays eſtrange, & qu'ils appelloient, μέτοικοι, que M. Cujas compare aux aubains & eſtrangers, quand ils auoient permiſſion du Prince, retenoient touſiours le droiꝗ de ſucceder au lieu qu'ils auoient quitté, dont il y a vne Conſtitution expreſſe en la loy 4. *C. de iure fiſci lib. 10.* Auſſi eſt-il bien certain que Meſſieurs les Ducs de Neuers & de Rethel ſon fils, qui eſtoient François naturels & originaires, ayant paſſé en Italie par la permiſſion du Roy,

pour recueillir le Duché de Mantoüe, n'ont pas perdu le droict de
fucceder en France, & leur droict de naiffance & d'origine a paffé à
fon Alteffe de Mantoüe leur fils & arriere-fils, lequel partant eft François, *origine paternâ, & auitâ*, & comme tel, capable de fucceder en
France: la demeure que fon pere & fon ayeul ont fait en Italie ne luy
ayant pû ofter le droict naturel de l'origine qui eft immuable, &
ne fe peut perdre quand on voudroit: *Origine enim propriâ nemo poteft* L. 4. C. de municipib.
voluntate fuâ eximi, nec recufari poteft patria, ex qua quis oriundus eft. Et L. Affumptio, ff. de
fi quelqu'vn abandonnant le pays de fon origine, vouloit transferer municip.
fon domicile ailleurs, l'Empereur veut qu'il porte les charges, & au L. vlt. C. de municip.
lieu de fon nouueau domicile, & au lieu de fon origine; parce que §. vlt. Inftit. de iure na-
le domicile d'origine fe peut bien changer pour la demeure & l'ha- turali.
bitation, mais l'origine demeure neantmoins ferme & immuable:
parce que l'vn dépend du droict ciuil, changeant & variable; & l'autre du droict de nature, qui eft inuiolable. Et de là mefme f'enfuit
que le droict d'Aubaine, qui eft vn droict ciuil & politique du Royaume, ne peut corrompre ny deftruire le droict naturel d'origine.

Et pour monftrer que les enfans conceuz & nez hors du Royaume d'vn pere & ayeul François, font cenfez vrays François, à caufe
de l'origine naturelle & paternelle, laquelle n'a point efté perduë par
le tranfport du domicile que le pere & l'ayeul ont fait hors le Royaume; & partant qu'ils peuuent fucceder en France.

Boërius en fa Decifion 13. rapporte vn Arreft, par lequel vn enfant
né d'vn pere François retiré en Efpagne, *perpetuâ morâ causâ*, & lequel mefmes y eftoit decedé, fut declaré capable de fucceder en France fans lettres de naturalité, par Arreft donné fur vn procez party au
Parlement de Bordeaux, & depuis iugé au Confeil Priué du Roy.

Mais il y a vn autre Arreft celebre prononcé en robbes rouges par
M. le Prefident de Thou, le 7. Septembre 1576. au profit de Marie
Mabile natifue d'Angleterre, Eftienne Mabile fon pere, maiftre Or-
fevre à Paris, f'eftoit retiré en Angleterre l'an 1536. où fa femme nom-
mée Marie Villain l'ayant efté trouuer trois ans apres, il eut vne fille
d'elle, qui eftoit ladite Marie Mabile, née en la ville de Londres, &
mariée à vn Anglois en l'an 1560. la mere morte en Angleterre en l'an
1540. & Adnette de Vaux, qui eftoit l'ayeule, eftant decedée à Paris,
Marie Mabile vient à Paris, & demande la fucceffion; A laquelle on dit
qu'elle eftoit née & conceüe au Royaume d'Angleterre, où fes pere &
mere f'eftoient retirez, qu'elle eftoit mariée en Angleterre, citoyenne
de la Ville de Londres. Elle refpond que fes pere & mere eftoient
François, & que leur retraite hors du Royaume ne luy auoit pas pû
ofter le droict naturel & originaire de la naiffance de fes pere & mere
en France; Il y auoit eu des lettres de naturalité obtenuës par ladite
Mabile depuis fon retour en France, mais l'on n'y eut aucun efgard,

pource que c'eſtoit long téps depuis la ſucceſſion deferée aux heritiers qui en eſtoient ſaiſis deſlors du decez. Tellement que toute la queſtion du procez eſtoit de ſçauoir ſi la naiſsãce de ladite Mabile hors le Royaume la rendoit incapable de ſucceder, eſtant fille d'vn pere François, & par l'Arreſt ladite Mabile fut admiſe à la ſucceſſion de ſon ayeule, comme eſtant originaire de France, c'eſt à dire, née de parens François.

Bacquet, chap. 39. du droiſt d'Aubaine, in f.

Surquoy l'Autheur qui rapporte ledit Arreſt, remarque que la faueur des enfans venans à la ſucceſſion de leur pere, mere, ayeul & ayeule, eſt ſi grande, que ledit Arreſt doit eſtre obſerué en tous les enfans nez hors de France, de François & de Françoiſe, ou bien de pere François, leſquels doiuent eſtre preferez aux autres heritiers.

C'eſt ce qui auoit encores eſté iugé auparauant par Arreſt du 14. Aouſt 1554. pour Geoffroy de Cenami, lequel eſtant né en la ville de Veniſe hors le Royaume, fut maintenu en la ſucceſſion de Iean Cenami ſon parent decedé à Paris en l'an 1536. à cauſe qu'il eſtoit fils de Pandolfe Cenami, François naturel, qui s'eſtoit retiré à Veniſe dés l'an 1492. par laquelle retraite l'on iugea qu'il n'auoit pû prejudicier au droiſt naturel de la naiſſance du pere, quoy que le fils fuſt né hors le Royaume.

Autre Arreſt celebre du 6. Aouſt 1602. plaidant Dolé & Choppin en l'Audience en la grand'Chambre, au profit d'vn nommé Tibere Pelletier, dont le pere qui auoit eſté marié en l'Iſle de Ré, apres le decez de ſa femme qui auoit delaiſſé quatre enfans, ſe retira en Zelande, où il eſpouſa en ſecondes nopces vne fille du pays, de laquelle ledit Tibere Pelletier eſtant prouenu, conceu & né hors du Royaume, l'on pretendoit l'exclurre de ladite ſucceſſion, & par ledit Arreſt il fut declaré capable de ſucceder auec les enfans du premier liſt, & reputé François, quoy que né en pays eſtrange.

Il y eut encores vn Arreſt notable pour le meſme faiſt, donné au rapport de Mr Theuin en la quatrieſme Chambre des Enqueſtes, prononcé en robbes rouges par Mr le Preſident de Harlay, le 23. Decembre 1605. par lequel les nommez Pierre & Sanchez l'Ormandier, qui eſtoient nez en Eſpagne d'vn mariage qui y auoit eſté contraſté par Antoine Ormandier leur pere auec vne femme Eſpagnole dedans la ville de Seuille, furent neantmoins admis à la ſucceſſion des biens de leur pere decedé en Auuergne, & declarez François, parce qu'ils eſtoient nez d'vn pere François.

L'on dira qu'en l'eſpece deſdits Arreſts, ceux qui ont eſté declarez François & originaires du Royaume, ſans auoir eſgard au lieu de leur naiſſance, eſtoient retournez en France; & que Monſieur le Duc de Mantoüe ne peut pas abandonner le gouuernement de ſes Eſtats pour ſe retirer en France. Mais cette conſideration ne change point la raiſon naturelle de l'origine, & n'oſte point à ſon Alteſſe de Mantoüe l'aduantage d'estre yssu de pere & ayeul François, ce qui les fait censer & reputer originaires du Royaume, sa qualité de Souuerain le pouuant bien dispenser de cette residence, puis que tous les Princes estrangers qui ont iouy de leurs biens en France, n'y ont iamais residé ny demeuré, & l'interest du Royaume en la conseruation des Estats de Mantoüe & de Monferrat par la presence necessaire du Prince, peut bien suppleer à la condition de la demeure & residence en France, & tel a esté le sentiment de sa Majesté, lors que dans ses Lettres de 1634. elle l'a voulu, declaré, & tenu pour dispensé en ces propres termes: *Le tenant comme Regnicole, & comme s'il estoit né en nostre Royaume, & demeurant en iceluy.*

Au reste, il est si certain que ceux qui sont nez hors le Royaume d'vn pere François naturel & originaire, sont reputez François en consideration de l'origine paternelle, que par tous les Edicts de pacification qui ont esté faits par les Rois de France entre leurs subjects Catholiques & ceux de la Religion pretenduë reformée, il a esté declaré par expres, Que les enfans de ceux qui s'estoient retirez hors le Royaume depuis la mort du Roy Henry II. à l'occasion des Troubles, encores que lesdits enfans fussent nez hors le Royaume, qu'ils seroient tenus pour vrays François & Regnicoles, sans qu'il leur fust besoin de Lettres de naturalité. *Par l'Edict de l'an 1576. art. 53. Par celuy de 1577. art. 58. Par celuy de l'an 1599. art 70.*

Que si cela fut octroyé à l'esgard de ceux qui s'estoient retirez du Royaume par mauuaise volonté & affection enuers leur Prince, combien plus fauorablement le doit-on accorder à Monsieur le Duc de Neuers, & à ses descendans, ledit seigneur Duc n'estant sorty du Royaume qu'auec le congé & permission expresse de sa Majesté, pour l'honneur & la gloire de l'Estat, auquel il importoit de voir vn François naturel subject du Roy, son parent, & obligé à sa Majesté, reuestu de deux Principautez & Souuerainetez en Italie? Tellement que l'ayeul & le pere ayant tousiours conserué la qualité de subjects, & le tiltre de naturels François, ils l'ont bien pû transferer à son Altesse de Mantoüe leur fils & arriere-fils.

Ainsi il a esté iugé à l'esgard des François qui auoient accompagné en Sauoye Madame Marguerite de France lors de son mariage auec Monsieur le Duc de Sauoye: car le Roy ayant fait vne Declaration en l'an 1568. portant que tous les Gentilshommes & Damoiselles qui estoient allez auec elle en Sauoye, ne seroient point subjects au droict d'Aubaine, il se presenta vne cause en la grand' Chambre pour les enfans de Damoiselle Françoise de Carnazet, laquelle ayant demeuré quelque temps au seruice de Madame de Sauoye, & s'estant mariée auec le Sieur de Cappée, qui estoit du Marquisat de Montferrat, sa succession pour les biens de France estoit pretenduë par lesdits enfans contre les oncles & tantes de ladite de Carnazet qui s'en estoient emparez, souftenans que lefdits enfans eftoient eftrangers, à caufe de leur naiffance hors du Royaume de France; & neantmoins par Arreft du 6. Febvrier 1602. plaidans Robert & Doujat, les enfans furent maintenûs & gardez en la poffeffion des biens, comme Françoisnaturels & heritiers legitimes en France, quoy qu'ils fuffent nez hors du Royaume, à caufe que leur mere eftoit Françoife naturelle, de laquelle ils retenoient l'origine.

Et de verité, puis qu'on donne cet aduátage aux enfans iffus des eftrágers en France, qu'ils fuccedent à leurs peres & meres és biens eftans en France, encores que les pere & mere foient Aubains, & qu'ils n'ayent point obtenu de lettres de naturalité, nonobftant les Couftumes qui eftoient au contraire en France, celle de Melun particulierement, qui portoit que les biens des eftrágers decedez en France appartenoiét au Roy, encores qu'ils euffent delaiffé des enfans: Il eft bien iufte & raifonnable que les enfans d'vn François qui font nez hors le Royaume, fuccedent en France à leur pere, car ils font enfans d'vn François, les autres d'vn eftranger, & partant beaucoup moins fauorables. Si donc l'on n'exerce point le droiét d'Aubaine & de peregrinité fur les enfans des eftrangers, encores moins le doit-on pratiquer à l'efgard des enfans d'vn François naturel & originaire.

Ainfi quand fon Alteffe de Mantoüe feroit obligée de paffer par les regles communes & ordinaires, l'on void qu'encores qu'il foit né hors de France, il en eft originaire, ayant eu fon ayeul & fon pere nez dedans le Royaume, defquels il retient toufiours l'origine & l'extraétion.

Et bien que celuy qui eft né de pere & ayeul François, eftant originaire du Royaume, n'ait point befoin de lettres de naturalité; Que le droiét de l'origine, de la nature & du fang foit beaucoup plus fort que le benefice de fes lettres, qui n'eft qu'vne fiétion de la loy ciuile; & que les lettres de naturalité qui f'appellent de ce nom, dautant que par icelles le Roy fupplee le defaut de la naiffance en la perfonne de ceux qu'elle n'a pas fait naiftre François; ce qui n'eft point neceffaire à l'égard de ceux qui font François d'origine & d'extraétion: Neantmoins comme vne bonne caufe a toufiours des raifons de furcroift, & des moyens furabondans qui la rendent du tout indubitable, Monfieur le Duc de Mantoüe a encores cet aduantage,

Que

Que dedans les anciennes Lettres de naturalité octroyées par le Roy Henry II. à Ludouic & Federic de Gonzague ; & par le Roy Henry IV. de glorieuse memoire à Vincent premier Duc de Mantoüe, François, Ferdinand, & Vincent de Gonzague ses enfans, & à leur posterité & lignée ; son Altesse de Mantoüe descenduë d'eux en droite ligne, est comprise ; & partant ne peut estre reputée estrangere.

CHAPITRE III.

BIEN que les Princes souuerains ne soient point subjets au droict d'Aubaine, comme il a esté monstré cy dessus, principalement ceux qui sont proches parens des Roys, alliez & confederez du Royaume, comme Monsieur le Duc de Mantoüe : neantmoins pour faire cesser toute sorte de doute, & obuier à la moindre difficulté, il se trouue des Princes de la maison de Mantoüe, & mesmes des Ducs de Mantoüe, qui ont obtenu des Lettres de naturalité, non qu'elles fussent absolument necessaires, mais pour vne plus grande precaution & seureté, & sans qu'il en fust aucunement besoin. Ce qui doit estre trouué d'autant moins estrange en la personne des Ducs de Mantoüe, qu'on a veu Messieurs les Ducs d'Anjou & d'Alençon, enfans de France, s'en allans hors du Royaume, l'vn pour estre Roy de Pologne, & l'autre Duc de Brabant, auoir obtenu Lettres de declaration du Roy, contenant que leur absence ne faisoit aucun prejudice à eux, ny à leurs enfans en cas d'ouuerture à la succession de la Couronne ; comme si vn fils de France, heritier presomptif de la Couronne, sortant du Royaume pour quelque temps auec la permission du Roy, eust eu sujet de craindre qu'à son retour en France, on l'eust voulu exclurre de la succession du Royaume comme estranger : Ces Lettres n'estoient qu'vne cautele surabondante, & qui n'induisoient aucune necessité à l'égard de ceux qui eussent esté moins scrupuleux.

Superflua non nocent. L. quæsitum, §. vlt. ff. de distract. pignorum.

    Ainsi en ont vsé les Princes de Mantoüe, lesquels pour plus grande cautele & seureté ont obtenu des Roys des Lettres de naturalité, comme fit Ludouic de Gonzague Prince de Mantoüe, fils de Federic Duc de Mantoüe, & de Marguerite Paleologue Marquise de Montferrat ; lequel estant venu en France en l'année 1549. pour recueillir les successions de Madame Anne d'Alençon son ayeule, consistant aux terres de la Guierche en Anjou, Chasteaugontier, Senonches, Bresolles, & Pouençay, pour leuer & oster toute la difficulté qu'on luy eust pû opposer, au mois de Septembre de l'année 1550. auec Federic de Gonzague son frere obtint Lettres du Roy, par lesquelles en consideration de l'alliance & proximité à la maison de France, le Roy voulut expressément qu'ils fussent tenus, censez & reputez vrais regnico-

les du Royaume; & qu'en iceluy il leur fuſt loiſible de tenir & poſſeder tous bie..s meubles & immeubles qu'ils auoient deſlors & pourroient auoir à l'aduenir tant par ſucceſſion que autrement; & que
leurs enfans & autres leur pûſſent ſucceder en iceux, comme s'ils
eſtoient natifs & originaires du Royaume. Leſdites Lettres conce-
dées à eux, leurs enfans, poſterité & lignée, née & à naiſtre, regiſtrées
en la Chambre des Comptes le quinzieſme Nouembre enſuiuant.

Et en l'année 1596. le Roy Henry le Grand octroya de ſemblables
Lettres à Vincent de Gonzague Duc de Mantoüe & de Montferrat,
& à François, Ferdinand, & Vincent de Gonzague ſes enfans, tant
pour eux que leur poſterité & lignée née & à naiſtre, par leſquelles
Lettres auſſi regiſtrées en la Chambre des Comptes, ils ſont pareillement teuus & reputez pour regnicoles.

Or comme leſdites Lettres ſont generales pour toute la deſcente,
lignée & poſterité des impetrans, il n'y a difficulté quelconque que
ſon Alteſſe de Mantoüe n'y ſoit compriſe, tant en celles du Roy
Henry II. obtenuës par Ludouic de Gonzague, duquel ſadite Alteſſe
eſt iſſuë en droite ligne du coſté paternel, eſtant ſon arriere petit fils,
qu'en celles du Roy Henry IV. en faueur de Vincent premier & François ſon fils, duquel ſon Alteſſe eſt deſcenduë du coſté maternel, ledit
Vincent premier eſtant biſayeul, & François ſon fils ayeul maternel
de ſadite Alteſſe, laquelle par conſequent doit iouyr du benefice deſdites Lettres, & eſtre reputée regnicole, puis qu'elle eſt expreſſément
compriſe en la diſpoſition d'icelles. Et comme il y a de deux ſortes de
François, les vns naturels & originaires, les autres naturaliſez par Lettres, ainſi que ſainct Gregoire de Nazianze diſoit qu'il y auoit des
nobles de race, ἐξ αἱμάτων, les autres de lettres, ἐξ γραμμάτων: L'on
peut dire que Monſieur le Duc de Mantoüe eſt François naturel d'origine & d'extraction, eſtant né de pere & ayeul François, & encores
François de lettres, au moyen de celles obteuües par ſes predeceſſeurs
pour eux & leurs deſcendans.

Oratione. 28.

L'on dira que ces Lettres n'ont point eſté verifiées qu'auec la clauſe
ordinaire, *pourueu que les heritiers ſoient regnicoles;* qui eſt vne condition appoſée auſdites Lettres, laquelle defaillant en la perſonne de
Monſieur le Duc de Mantoüe qui n'eſt point demeurant en France,
la grace impetrée par leſdites Lettres eſt renduë caduque & ſans effect,
& le droict d'Aubaine demeure en ſa force & en ſa vigueur.

Mais il faut conſiderer que ces Lettres de naturalité ont eſté obtenües par des Princes de la maiſon de Mantoüe; leſquels ne pouuans
eſtre tenus pour eſtrangers, comme ſouuerains, & alliez des Roys de
France par l'honorable lien qui eſt entre les Princes, ayans l'honneur
d'ailleurs de les attoucher de parenté & proximité de lignage, ils n'a-
uoient point beſoin de Lettres de naturalité pour eſtre reputez Fran-

çois, mais seulement pour estre tenus pour regnicoles, residans & demeurans dedans le Royaume. Aussi ces Lettres commencent expressément par cette declaration, Que lesdits Ludouic, Federic, Vincent
de Gonzague & autres seroient tenus & reputez pour regnicoles; mais
quand mesmes elles eussent esté necessaires pour oster l'empesche-
ment de l'origine, dont toutesfois l'on ne demeure pas d'accord, lors
qu'elles sont accordées à des Princes souuerains, on leur concede par
consequent la dispense de l'habitation, puisque les Princes souuerains
ne peuuent demeurer en France, autrement la clause, *Prouiso quòd hæredes sint regnicolæ*, seroit entierement destructiue de la grace du Roy;
ce qui ne se peut dire sans vne manifeste contradiction.

Et quand il est dit par l'Arrest de verification, Pourueu que les heritiers soient regnicoles; c'est qu'il pouuoit arriuer que les impetrans auroient disposé de leurs biens au profit de personnes estrangeres, &
laissé des heritiers estrangers, comme il leur est accordé par lesdites
Lettres ; mais à l'esgard de ceux qui auoient obtenu lesdites Lettres
pour eux & leurs successeurs legitimes qui seroient souuerains comme
eux, lesdites Lettres leur seruent de dispense de resider: Desquelles son
Altesse de Mantoüe a d'autant plus de droict de se preualoir comme
comprise en la disposition d'icelles, qu'outre la qualité de souuerain,
& proche parent du Roy, il est François d'origine & d'extraction, né
de pere & ayeul François. De sorte qu'à son esgard il n'est point besoin d'vne double fiction comme en la personne de ceux qui seroient
vrays estrangers, lesquels par les Lettres de naturalité estans reputez
comme s'ils estoient nez en France, si on vouloit encores les tenir pour
regnicoles & demeurans dedans le Royaume, ce seroient deux choses
singulieres, deux priuileges, & vne double fiction qui ne s'admet pas
facilement.

Et cette dispense de resider & demeurer dedans le Royaume n'est
point nouuelle; l'vsage & la pratique en est frequente & ordinaire :
Car comme il a esté dit cy dessus que les habitans des Duchez, Comtez
& Seigneuries de Brabant, Limbourg, Luxembourg, Flandres, & autres lieux, succedent en France és fiefs, terres, seigneuries & autres
biens de leurs proches parens qui y seroient decedez; il est notoire &
public qu'on ne leur impose point la necessité de demeurer en France.

Le mesme à l'esgard des citoyens, bourgeois, domiciliez & subjets
de la Republique de Geneue, ausquels par Lettres patentes de l'an 1608.
ayant esté accordé le pouuoir de succeder en France, ils viennent recueillir des successions au milieu du Royaume, sans estre obligez d'y
demeurer.

L'on sçait qu'il s'expedie vne declaration generale de trente ans en
trente ans en faueur de ceux du Comté de Bourgongne pour les rendre capables des actions ciuiles & droicts de succeder au dedans du

Duché, fans eftre tenus de venir demeurer, & s'habituer dedans iceluy, dont ils font expreſſément diſpenſez par leſdites Lettres.

Il y eut des Lettres expediées au mois de Nouembre 1 6 0 9. en faueur de François, Charles, & Laurens de Medicis, enfans de Ferdinand grand Duc de Toſcane ; par leſquelles en conſideration de leur parenté & alliance auec la Maiſon Royale, le Roy Henry le Grand voulut qu'ils iouy ſſent dedans ſon Royaume de tous droiĉts appartenans aux François naturels & originaires, encores qu'ils ne fuſſent lors ny à l'aduenir aucunement regnicoles, reſidans & demeurans dedans le Royaume, leſdites Lettres furent verifiées au Parlement, lequel n'y apporta autre modification ſinon que leſdits François, Charles, & Laurens de Medicis ne iouyroient des charges, dignitez & offices du Royaume qu'ils n'y fuſſent actuellement demeurans ; mais à l'eſgard des droiĉts de ſucceder, diſpoſer, & poſſeder des biens dedans le Royaume, ils en ont eſté declarez capables, encores qu'ils ne fuſſent point reſidans en France : De laquelle reſidance l'on a encores diſpenſé Monſieur le Cardinal Ludouiſio nepueu du Pape Gregoire XV. par Lettres de l'année 1 6 2 2. qui ont eſté pareillement verifiées tant à l'effeĉt de ſucceder, que meſmes pour tenir en France pour quarante mil liures de rente de Benefices, comme il a fait, ſans auoir iamais reſidé dedans le Royaume.

Ce qui fait voir clairement que l'on diſpenſe bien ſouuent de la reſidance ſelon les neceſſitez publiques, & les graces des Roys ; & que le droiĉt de ſucceder en France n'eſt pas touſiours ſoûmis à la neceſſité d'eſtre regnicole, & eſt ladite diſpenſe d'autant plus facile, que ce n'eſt pas la demeure ny l'habitation qui fait le citoyen, ny qui donne le droiĉt de ſucceder ; mais la parenté & la conſanguinité auec le droiĉt naturel & originaire de la cité. C'eſt ce que dit Ariſtote, Que celuy qui habite vne ville n'en eſt pas pour cela citoyen, l'habitation eſtant commune aux eſtrangers & aux eſclaues, qui ne ſont pas neantmoins citoyens ; & il eſt bien plus difficile de rendre vn eſtranger François naturel, & tel que s'il eſtoit né en France, que de diſpenſer de la reſidance vn François originaire, ou celuy qui auroit eſté naturaliſé.

Au reſte s'il ſe trouue plus expedient au bien du Royaume que ſon Alteſſe de Mantoüe reſide dedans ſes Eſtats pour les conſeruer & gaventir de l'inuaſion des ennemis de la France, & empeſcher leur progrez dedans l'Italie, à quoy le Roy eſt contraint d'oppoſer la force de ſes armes, l'intereſt de la France eſtant conioint à la demeure qu'elle fait dedans ſon pays, elle doit eſtre reputée demeurer & reſider en France : Il ne ſeruiroit rien d'habiter en perſonne dedans le Royaume, & eſtre abſent d'eſprit & d'affeĉtion : *Nec ſatis eſt corpore habitare,* comme dit le Iuriſconſulte, *qui mente alienus eſt.* C'eſt la volonté & l'affeĉtion qui nous conſerue la qualité de citoyen, teſmoin l'exemple

En ſes Politiques.

[illegible]

qui eſt rapporté dans la loy de Menandre, Grec de nation, de qui, ayant
eſté pris en Grece, & mené par les Ambaſſadeurs du peuple Romain
au meſme pays pour leur ſeruir de truchement, l'on dit qu'il n'eſtoit
point beſoin d'ordonner qu'il demeureroit citoyen Romain: *Quis ſi
ei animus fuiſſet reuertendi, ciuis maneret.* Auſſi celuy qui demeureroit
hors du Royaume pour le bien de l'Eſtat, l'honneur & la gloire de la
Couronne, doit eſtre reputé reſider dans le Royaume. *L. 3 § 3 ff. cod.*

Et neantmoins ceſſant ces moyens qui ſont indubitables, ſon Alteſſe de Mantoüe eſtant à preſent mineure & en pupillarité, ſa demeure hors le Royaume ne la pourroit pas exclurre des biens qui luy appartiennent en France, pource qu'vn pupille proprement n'a point de
domicille, ſinon celuy qui eſt aſſigné par le Iuge; & le vray domicille
dépendant de l'élection & de la volonté, vn pupile n'eſt pas capable *L. 1 ff. vbi pupilus eda-*
de le declarer: Tellement que dedans le temps de la pupilarité de Mon- *cari adbeat.*
ſieur le Duc de Mantoüe l'on ne peut pas definir quel eſt ſon vray domicille, n'eſtant pas capable d'en donner aucun ſigne ny teſmoignage; *L. domicilium. & l. af-*
& on ne peut pas luy imputer ſa demeure hors du Royaume. Ainſi *ſumptio, ff. ad munici-*
l'on void que la condition appoſée à la verification des Lettres deſdits *palem.*
Ludouic, Federic, Vincent, & autres Princes de la maiſon de Mantoüe
pourueu que leurs heritiers ſoient regnicoles, ne peut nuire ny preju-
dicier à ſon Alteſſe de Mantoüe, meſmes en l'eſtat auquel elle eſt
à preſent.

A quoy ſi l'on adjouſte les Lettres obtenuës de ſa Majeſté par
Charles I. au mois de Iuillet 1634. en faueur du Prince Charles à preſent Duc de Mantoüe, & de Madame la Princeſſe Eleonor ſa ſœur,
par leſquelles on void,

*Que le Roy a declaré ſon Alteſſe de Mantoüe & ladite Prin-
ceſſe Eleonor ſa ſœur habiles & capables de ſucceder en France, les tenans pour regnicoles comme iſſus de pere & ayeul
François & originaires du Royaume.*

Chapitre IV.

IL ne reſtera aucun ſujet de douter que Monſieur le Duc de Mantoüe ne doiue recueillir en France les biens qui luy ſont eſchûs par
la ſucceſſion dudit Charles I. Duc de Mantoüe ſon ayeul.

Ces Lettres ne ſont pas proprement Lettres de naturalité, mais ſeu-
lement de declaration, & telles que ceux, qui ont eſcrit de cette matie- *Bacquet, traicté du*
re, conſeillent d'obtenir pour les enfans nez de François hors du *droict d'Aubaine*
Royaume de France, leſquels n'eſtans point eſtrangers, mais origi- *ch. 39. ſur la fin*
naire de France, n'ont pas beſoin d'eſtre naturaliſez: Neantmoins ils
ſont d'aduis pour vne ſurabondante précaution d'obtenir Lettres du

Roy, par lesquelles narration faite que les impetrans sont originaires de France, nez de parens François, & que le lien de parenté & consanguinité estant naturel & indissoluble, ne se pouuoit abolir ny effacer par la mutation de domicille, il soit mandé les faire iouyr des successions qui leur seront eschües en France, sans auoir esgard au lieu de leur naissance, ny à la retraite faite par leurs parens hors de France dont sa Majesté les releue, & declare qu'elle veut qu'ils soient reputez tels que si vrayement ils estoient nez en France.

Bacquet chap. 39. nombre 15.

C'est ce qui fut pratiqué par Marie Mabile née en Angleterre, dont l'Arrest a esté cy deuant rapporté, laquelle depuis le deceds de son ayeule arriué en France, obtint Lettres du Roy que l'on disoit n'estre point vrayes lettres de naturalité, parce qu'elle dénioit estre estrangere, mais originaire de France, née de pere & mere François: Que ce n'estoient point lettres de grace, mais lettres excitatiues de Iustice, obtenües pour plus grande seureté & cautele, sans qu'il en fust besoin; par lesquelles il estoit mandé la faire iouyr de sa portion hereditaire de son ayeule decedée en France, sans auoir esgard au lieu de sa naissance hors le Royaume, & retraite faite par ses pere & mere en Angleterre, dont le Roy l'auroit releuée.

C'est à l'exemple de ces lettres que le feu Duc Charles a obtenu celles dont est question, par lesquelles le Roy declare son Altesse de Mantoüe & ladite Dame Princesse Eleonor sa sœur habiles & capables de recueillir la succession du Duc Charles leur ayeul en France, les tenans & reputans regnicoles comme issus de pere & ayeul François originaires du Royaume de France, & comme s'ils estoient nez dans le Royaume, & demeurans en iceluy; & est mandé en fin desdites Lettres les faire iouyr de ladite grace & declaration.

L'on sçait la difference entre les Lettres de naturalité, & celles qu'on appelle de declaration: Les lettres de naturalité ont lieu à l'esgard des veritables estrangers, & sont necessaires absolument, les lettres de declaration ont esté introduites pour ceux qui tiennent vn degré moyen entre les estrangers & les vrays François, comme ceux des pays qui sont veritablement du domaine & de la souueraineté du Roy, quoy qu'à present & depuis quelques années ils soient sous vne domination estrangere, les originaires desquels pays sont tousiours reputez pour vrays & naturels François; & neantmoins pource que le Roy ne iouyt point à present desdits pays, & que les habitans d'iceux, *licet sint de regno, tamen de facto non obediunt Regi*; ceux qui sont desdits pays ont accoustumé pour plus grande seureté d'obtenir des Lettres du Roy, non pas de naturalité, mais de simples declarations, par lesquelles sa Majesté declare que les originaires desdits pays sont ses vrays & naturels sujets, encores qu'ils ne luy obeyssent pas actuellement: Lettres qui ne sont pas de grace, comme celles de naturalité que le Roy n'accorde que ſelon ſon bon plaiſir, moyennant, ou auec remiſe de finance; mais ce ſont lettres de Iuſtice que le Roy ne peut refuſer, & pour leſquelles il ne luy eſt dû aucune finance. Ainſi à l'eſgard de ceux leſquels eſtans François d'origine & d'extraction comme iſſus de parens François naturels & originaires, ſont neantmoins nez hors du Royaume de France, les lettres que l'on obtient pour eux ne ſont pas de naturalité, pource qu'ils ſont François naturels; mais ſimples lettres de declaration, par leſquelles le Roy ne leur accorde rien de nouueau, & ne leur donne aucun nouueau droict, mais ſeulement declare qu'il les tient pour vrays François, encores qu'ils ſoient nez hors le Royaume.

Et c'eſt en quoy l'objection que l'on fait du defaut de verification deſdites lettres, tant au Parlement qu'à la Chambre des Comptes, n'eſt point conſiderable.

Premierement à l'eſgard du Parlement, la verification meſmes des lettres de naturalité n'y eſt point abſolument neceſſaire : Car encores que le droict d'Aubaine ſoit Royal & domanial, il n'eſt point beſoin que les lettres de naturalité ſoient verifiées au Parlement, comme il ſeroit requis ſi le droict d'Aubaine eſtoit aliené par le Roy, remis & quitté à quelque Prouince, comme il y en a en France pluſieurs qui en ſont exemptées : car en ce cas la verification d'vn tel don ſeroit requiſe au Parlement, comme contenant vne alienation du domaine, laquelle ne peut eſtre faite en France ſans lettres patentes verifiées au Parlement. Mais les lettres de naturalité octroyées à des particuliers ne contiennent point d'alienation, mais ſeulement vne habilitation de la perſonne; c'eſt pourquoy telles lettres n'ont point accouſtumé d'eſtre verifiées au Parlement.

Pour ce qui eſt de la Chambre des Comptes, les lettres dont eſt queſtion n'eſtant que de ſimple declaration comme il a eſté monſtré, la verification n'en eſt point auſſi abſolument neceſſaire; tellement qu'à l'eſgard de ceux qui ſont nez aux pays leſquels ne cognoiſſent point à preſent le Roy, quoy qu'ils ſoient veritablement du domaine ancien de la Couronne, pour leſquels le vray vſage des lettres de declaration a eſté introduit, Ceux qui en ont traité remarquent qu'elles peuuent eſtre negligées comme non neceſſaires: Encores moins, dira-on, que la verification en la Chambre des Comptes y ſoit abſolument requiſe, puis que ce ſont lettres de Iuſtice, par leſquelles, comme il a eſté remarqué cy deſſus, le Roy ne donne aucun nouueau droict, mais ſeulement declare ce qui eſt de l'eſtat & condition de la perſonne, & dont la verification ne pourroit eſtre refuſée.

Et il ſeroit eſtrange que ces lettres à defaut de verification & d'enregiſtrement en la Chambre des Comptes, fuſſent deſtituées de leur effect : Car ce qu'on appelle verifier les Lettres patentes du Roy par les Compagnies ſouueraines, n'eſt autre choſe ſinon recognoiſtre

Bacquet, du droict d'Aubaine, chap. 38. & ſuiuans.
Chopin. de dom. Franc. lib. 1. cap. 11.

qu'elles font émanées de fa Majefté; que la fignature de Monfieur le
Secretaire d'Eftat eft veritable, & que le feau y a efté appofé; mais que
l'effect des lettres dépende de cette verification, ce feroit foûmettre
la puiffance & l'authorité fouueraine du Prince à la volonté de fes fujets; la fouueraineté en la Monachie gift en la volonté d'vn feul; auffi
le mot de Monarque l'emporte. Le Roy dans fon Royaume eft comme cet Hercule qui eftoit appellé d'vn mot excellent, μόνοικος, dont il
eft parlé dans Virgile : *Atque arce Monœci defcendens μόνοικος*, pource
qu'il eftoit feul dans fon Temple: *Si quu in œdicula Deus vnicus*. Auffi
le Roy ordonne feul dans fon Royaume, & le poinct principal de la
Majefté fouueraine confifte en la volonté abfolüe & indépendante
du Monarque.

Si vn Prince ne pouuoit faire vne Loy, Edict, ou Ordonnance dedans fon Eftat, ny decerner aucunes Lettres fans le confentement d'vn
plus grand que luy, il feroit fujet; fi fans le confentement d'vn pareil
& égal à luy, il auroit compagnon; fi fans le confentement de fes fujets
Magiftrats, Officiers, ou autres, il ne feroit pas fouuerain: Comment
donc pourroit-on dire qu'en la France, qui eft la plus pure & parfaite
Monarchie du monde, & qu'en vn Royaume où toutes chofes fle-
chiffent fous le bon plaifir de fon Roy, & font foûmifes à fa volonté
abfolüe, fouueraine & monarchique, l'authorité de fes Lettres dépen-
dift de la volonté de fes Officiers?

Les Officiers & Magiftrats fouuerains en France doiuent recognoiftre que l'authorité qu'ils ont en l'adminiftration de la Iuftice, & verification des Edicts, Ordonnances, Lettres & Declarations du Roy,
n'eft qu'vne émanation de la puiffance du Prince, & comme vn ruif-
feau dériué en eux par fa grace, lequel ne maintient fon cours que
par le flux continuel de fa puiffance.

Les plantes furent creées deuant le Soleil, afin de monftrer que cét
Aftre n'en eftoit point l'autheur: Et ces belles plantes de la Iuftice, qui
font les Compagnies fouueraines des Officiers & des Magiftrats,
n'ont efté formées qu'apres le Soleil de la Royauté; pour leur appren-
dre au contraire qu'elles tirent de luy leur origine, & n'efclairent que
par la communication & participation de fa lumiere, comme rayons
de cet Aftre diuin, & efclats du feu de la vertu Royale.

Or cette authorité qui decoule ainfi de la perfonne du Roy aux
Magiftrats, n'aura-elle point de force & de vigueur, finon en tant que
ces mefmes Magiftrats la voudront recognoiftre, approuuer, & omo-
loguer? Si cela eftoit, il faudroit dire que le droict de fouueraineté
refideroit en la perfonne des Magiftrats; ou que les Magiftrats feroient auffi puiffans que le Prince. Comme quand le peuple par l'ordonnance de Romulus auoit la puiffance de faire les loix à Rome,
pourueu que l'authorité du Senat y interuinft, on difoit que le peuple

& le

& le Senat auoient la puissance souueraine pour ce regard. Ce qui né pourroit pas estre dit en vn Estat Royal, auquel l'authorité souueraine ne se partage point: L'vnité, le poinct & l'atome ne sont pas de leur nature plus indiuisibles que l'authorité souueraine en la Monarchie; & Dieu mesme dedans sa puissance infinie ne pourroit pas faire vn Dieu pareil à soy, attendu qu'il est infiny, & qu'il ne se peut pas faire qu'il y ait deux choses infinies. Comment donc des sujets, des Officiers, des Magistrats creez par leur Prince auroient-ils vne puissance pareille ou superieure à la sienne, pour faire que la volonté du Prince tesmoignée par ses lettres n'eust lieu qu'entant qu'elle seroit consentie, voulüe, & accordée par eux?

L'on demanderoit volontiers si ce sont les Lettres du Roy, soit de declaration, ou de naturalité qui donnent le droict, ou la verification de la Chambre des Comptes: comme il n'appartient qu'à la Puissance souueraine de changer l'estat & la condition naturelle des hommes; aussi n'y auoit-il que l'Empereur à Rome qui pûst donner le droict *L. 1. C. de iure aureorum annulorum.* d'ingenuité & de bourgeoisie: *Natales antiquos, & iura ingenuitatis non ab ordine Decurionum præstari, sed à nobis peti,* disoit autresfois l'Empereur Diocletian. S'il s'agit d'effacer le defaut de la naissance, ou *L. 1. ff. eod. & l. 1. ff. de natalibus restit.* de leuer la tache de peregrinité, ce sont playes (disoit Iustinian) dont la guerison appartient à l'Empereur seul: *Hæc mihi vulnera curanda sunt, quibus mederi præter me nemo potest.* Aussi le Roy de France, qui est Empereur en son Royaume, plus auguste & plus souuerain que l'Empereur dedans son Empire, & lequel a tout pouuoir & authorité *Hoc augusta fortuna meruit, estq; Imperiale priuilegium, cùm Imperator suis consiliis, suisque laboribus pro toto orbe terrarum diu noctúque laboret. L. Benè à Zenone, C. de quadriennij præscript.* sur la loy ciuile qui regle les successions, qui en peut rendre capables ceux qui en sont inhabiles, *Non successibiles facere successibiles:* c'est luy seul en France qui donne les lettres de naturalité, ou de declaration, & qui peut rendre les estrangers égaux aux citoyens naturels, pource que le droict de succeder dépend de la loy qui est sa puissance: *Ex lege hæreditas,* comme disoit sainct Paul, l'Arrest de verification de la *Ferault de priuileg. Regum Franciæ, priuil.16.* Chambre des Comptes ne faisant que declarer le droict, & ne l'establissant pas: *Per sententiam ius non constituitur, sed quod est declaratur.* *L. sicuti. §. sed si. ff. si seruitus vindicetur.* Doncques puis que ce n'est pas la verification de la Chambre qui donne la capacité de succeder, le defaut de verification ne peut pas priuer de ce droict celuy qui l'auroit par les lettres du Prince: Encores moins celuy que le Roy ne fait que recognoistre par ses lettres pour naturel François, comme né de pere & ayeul François, & qu'il declare pour cet effet capable de succeder en France.

L'on rapporte que Trasibule, quoy qu'il eust restably l'estat de la ville d'Athenes, & chassé les Tyrans d'icelle, fut condamné en l'amende de dix talens pour auoir declaré Lysias Syracusain citoyen de la ville d'Athenes au desceu du Senat: mais ceux qui voudront pretendre que sa Majesté n'auroit pû declarer par ses lettres le Duc de Mantoüe

François naturel comme né de pere & ayeul François, sans l'approbation des Officiers de la Chambre des Comptes, feroient vne grande iniure à la dignité Royale : *Plus valet concessio principalis, quàm præsidialis ordinatio ;* la seule parole du Roy emporte l'execution, mais le moindre signe & le moindre indice qu'il tesmoigne : Aussi l'action des Dieux lors qu'ils promettent & accordent quelque chose dans Homere, n'est iamais representée que par l'inclination de la teste : νεῦσε Ζεύς, νεῦσε Κρονίων, & tout ce qu'ils auoient ainsi promis, estoit aussi tost suiuy de son effect.

Οὐδ' ἀτελεύτητον γ' ὅτι κεν κεφαλῇ κατανεύσω.

Et le Roy qui est absolu dans son Royaume ne dépendant que de Dieu seul aura fait vn acte de sa puissance Royale, declarant par ses Lettres solemnelles signées de son Secretaire d'Estat, & seellées de son seau sacré, qu'il tient & repute son Altesse de Mantoüe parent de sa Majesté pour vray François, & originaire de son Royaume, à cause de son extraction de pere & ayeul François ; & on dira que ces Lettres demeurent sans effect pour n'auoir esté registrées en la Chambre des Comptes ; comme si l'enregistrement donnoit le droict, ou si la verification adjoustoit quelque chose aux lettres. Verification laquelle est de si peu d'importance aux lettres de Iustice, qu'elle se donne & octroye sans cognoissance de cause, & ne se refuse iamais ; *& iniuria esset, si quis non impetrauerit.* Tellement qu'en tout estat de cause on peut representer des lettres de cette qualité, & suffit qu'elles ayent esté obtenuës auparauant la succession eschüe, voire mesmes, *post ius quæsitum,* la capacité de la personne se mesurant au temps des lettres, & non de la verification d'icelles, si que celles dont est question, ayant esté obtenuës trois ans & plus auparauant le deceds du Duc Charles I. du nom, il est vray de dire, & se peut iustifier que le defaut de verification n'a pas procedé de sa part, en ayant donné souuent les ordres tres-expres. Ce qui luy fut aussi promis de faire par lettres de celuy qui en eut la charge, & qui ne manqua pas de temps plus que suffisant.

De façon qu'on peut dire qu'il a esté accomply du costé de son Altesse, dont Mesdames les Princesses pouuans estre facilement informées, on croit qu'elles ne voudront pas se préualoir de ce moyen.

Bien plus, Car comme le droict d'Aubaine appartient au Roy seul, n'y ayant que sa Majesté qui puisse opposer l'obstacle de la peregrinité, ce droict estant introduit en sa faueur : De mesmes qu'en Athenes le fisc prenoit la succession des estrangers, & à Rome il y auoit des Officiers destinez pour faire la recherche des biens des estrangers qui y decedoient, afin de les deferer au fisc ; Ainsi en France la loy du Royaume qui exclud les estrangers des successions, les donne & les attribüe au fisc, sans considerer aucunement les parens, le Roy dispose de ce droict comme il luy plaist, comme il a fait en le transferant

I. 2. C. quando decreto opus non est.

Iliad. a.

Ego dixi, Dij estis. Psalm. 81.

L. 1. §. penult. ff. de aqua quotid. & æstiua.

Demosth. contra Andrationem.
L. diuus, ff. de iure fisci.

par ſes lettres de declaration à ſon Alteſſe de Mantoüe, en cas qu'il
auroit appartenu à ſa Majeſté, & que ſadite Alteſſe en auroit eu beſoin, & le pourroit faire encores à preſent, meſmes depuis les ſucceſſions eſchües, s'il n'en auoit point diſpoſé. Et tout ce que deſſus ſoit
dit, ſans demeurer d'accord que le faict de ſon Alteſſe de Mantoüe
ſoit aux termes du droict d'Aubaine, n'eſtant rien acquis aux parens
que par le bienfait & gratification du Roy. C'eſt pourquoy il y a pluſieurs Couſtumes comme celles de Melun, de Chalons, & autres, qui
portent expreſſément que les biens des Aubains appartiennent au
Roy, encores qu'il y ait des enfans nez en France. Et il eſt au pouuoir
du Roy de donner des lettres, ſoit de declaration ou de naturalité, aux
plus proches parens, meſmes depuis la ſucceſſion eſchüe. Et de fait, en
la cauſe de Marie Mabile née en Angleterre, dont l'Arreſt a eſté cy
deuant rapporté, il y eut appel interjetté par ſes heritiers les plus éloi-
gnez de l'execution & verification faite en la Chambre des Comptes
des lettres de naturalité, en ce qu'elles portoient que ladite Marie Mabile pourroit apprehender leſdites ſucceſſions ja eſchües, comme leſdites lettres ayant eſté obtenües long temps apres le decez d'Adnette
des Vaux l'ayeule, des biens de laquelle il eſtoit queſtion, les heritiers
voulans empeſcher l'effect deſdites lettres, ſur ce qu'ils diſoient que le
droict leur eſtoit acquis auparauant, & neantmoins par l'Arreſt ladite
Mabile fut receüe & admiſe à ſa ſucceſſion.

Le meſme en l'eſpece de l'Arreſt de Pandolfe Cenami, lequel n'obtint ſes lettres de declaration du Roy qu'en l'an 1554. bien que la ſucceſſion de Iean Cenami dont eſtoit queſtion, fuſt eſchüe dés l'année
mil cinq cens trente-ſix.

Et Mᵉ René Chopin rapporte vn autre Arreſt prononcé en robbes
rouges le 6. Avril 1568. pour vn originaire de Breſſe decedé à Lyon
apres que le Roy François premier eut rendu la Sauoye & la Breſſe, les
parens qui pretendoient la ſucceſſion n'auoient obtenu leurs lettres de
declaration que depuis l'appointé au Conſeil, & neantmoins la ſucceſſion leur fut adjugée.

Que ſi l'on ne conſidere point le temps de l'obtention des lettres
de naturalité, ou de declaration, & qu'on leur donne vn effect retroactif au temps de la ſucceſſion eſchüe; combien moins aura-on d'é-
gard à vn pretendu defaut de verification de lettres de Iuſtice obtenües auparauant vne ſucceſſion eſchüe? Arreſt qui n'eſt que l'execution, ou pluſtoſt la declaration deſdites lettres, auſquelles par conſequent il ſe doit referer. Arreſt qui ne ſe peut refuſer, qui n'adjouſte
rien à la ſubſtance deſdites lettres, qui n'eſt autre choſe qu'vne no-
tification, publication & enregiſtrement d'icelles: *Relatio in acta pu-*   *In hæredes. ff. qui teſta-*
blica. Ce qui ne confere aucun droict: *Qui enim declarat, nihil nunc*   *menta facere poſſunt.*
dat, ſed datum ſignificat.

Apres auoir monſtré que ſon Alteſſe de Mantoüe n'eſt point eſtrangere, ny ſubjete au droict d'Aubaine, comme Prince ſouuerain, &
qui a l'honneur d'eſtre proche parent de ſa Majeſté, iſſu de pere &
ayeul François, alliez & confederez de la Couronne, compris dans
les Lettres de Henry II. & Henry IV. par leſquelles ſes predeceſſeurs,
leur deſcente & poſterité ont eſté declarez regnicoles, capables de
ſucceder en France, & le Roy heureuſement regnant l'ayant recognu,
& declaré tel par Lettres expreſſes cy deſſus rapportées, meſmes iceluy
tenu pour regnicole, & diſpenſé de reſider; l'on peut aiſément con-
clurre que ſon Alteſſe heritiere teſtamentaire du feu Duc Charles ſon
ayeul, & comme tel ſaiſie par la Couſtume generale de France, eſt in-
juſtement troublée en la poſſeſſion de l'heredité. Mais quand bien ſon
Alteſſe viendroit à cette ſucceſſion *ab inteſtat*, ou bien quand les Dames Princeſſes voudroient impugner le teſtament du feu Duc Charles leur pere, pretendant n'auoir eſté ſuffiſamment partagées, ce qu'elles ne pourroient faire ſans demeurer d'accord du droict & capacité
de ſon Alteſſe, il s'enſuit que ſadite Alteſſe qui en ce cas viendroit à
ladite ſucceſſion par repreſentation du Prince Charles ſon pere qui
eſtoit l'aiſné, principal heritier, & chef des armes de la maiſon, devroit
eſtre maintenüe aux biens que ledit feu Duc Charles ſon ayeul a delaiſſez en France, auec les preciputs & aduantages qui appartiennent à
l'aiſné comme elle eſt recognüe ſon ſeul & vnique heritier en ſes Eſtats
de Mantoüe & de Montferrar.

Mais dautant que Meſdames les Princeſſes Marie & Anne y pourroient pretendre quelque part, encores que les grands fiefs ornez &
decorez de ces hauts tiltres d'honneur, comme ſont les Duchez Comtez, Marquiſats & autres, ne ſe partagent point, mais demeurent entiers aux aiſnez (ce qu'on a touſiours pratiqué dedans les grandes &
notables familles) afin d'oſter & leuer toute difficulté pour ce regard,
& pour faire paruenir les Duchez de Niuernois, Rethelois & de
Mayenne entiers, ſans aucune ſection ny diuiſion à ſon Alteſſe de
Mantoüe qui eſt l'aiſné, & conſeruer en ſa perſonne la ſplendeur & la
dignité de cette haute & tres-illuſtre famille, le Duc Charles defunct
a fait ſon teſtament tout eſcrit & ſigné de ſa propre main le xv. Aouſt
1634. par lequel il a voulu aſſigner le partage à ſes filles ſelon qu'il a
iugé en ſa conſcience eſtre iuſte & equitable ſelon Dieu, & le deuoir
de la nature, & pour l'honneur & le repos de ſa famille; les termes duquel en feront aſſez cognoiſtre la iuſtice.

Et parce que nous ne pouuons ſçauoir (dit le Duc Charles à l'endroit de
ſon teſtament où il aſſigne le partage de ſes filles) *ſi le temps de noſtre decez preuiendra celuy des mariages des Princeſſes nos filles, & que ne les pouuant colloquer de noſtre viuant, pour n'en rencontrer peut eſtre les occaſions telles
que requierent leur qualité & naiſſance, elles pourroient apres noſtre mort de-*

Partie du Teſtament
du feu Duc Charles.

meurer incertaines de ce qui leur deuroit appartenir ; pour en ofter tout fuict de procez qui ne pourroient qu'apporter grands troubles dans noftre maifon, où nous y defirons au contraire conferuer toute vnion & amitié, & telle qu'elle doit eftre entre perfonnes fi proches, nous auons eftimé à propos de declarer en tel cas ce que nous voulons & ordonnons qu'elles ayent en partage, auec les conditions & claufes que nous y croyons conuenables pour leur vtilité & feureté.

Et partant nous donnons & delaiffons en partage à la Princeffe Marie noftre tres chere & tres-aimée fille aifnée, les terres & feigneuries, & rentes qui s'enfuiuent franches & quittes de toute forte de debtes defquelles nous pourrions eftre chargé & redeuable, tant en France, Italie qu'ailleurs, que nous reiettons fur tous nos autres biens qui ne feront compris & fpecifiez cy apres dans les partages de nos filles, comme fuffifans & baftans d'y fatisfaire, & à beaucoup plus grande fomme. Lefquelles Princeffes nos filles nous prions (attendu les grandes affaires & debtes de la maifon) de fe vouloir auffi contenter des partages que nous leur laiffons & deftinons, & lefquels nous auons crû faire de forte, que ny elles, ny le Prince noftre petit fils n'auront aucune occafion de s'en plaindre, ny de penfer que nous n'y ayons obferué toutes les circonftances qu'vn bon pere doit auoir enuers fes enfans.

Partage de Madame
la Princeffe Marie.

Premierement le Marquifat d'Ifle, la Baronnie d'Eruy, & Vicomté de S. Florentin, auec toutes leurs appartenances & dependances fans en rien referuer ; Comme auffi la rente que nous auons fur Orleans, qui eft annuelle de dix-huict mille cinq cens liures de rente ; Comme encore la demeure & proprieté du Chafteau de la Caffine au Duché de Rethelois iufques à ce qu'elle foit mariee : À condition auffi de renoncer en fuite de ce partage, en faueur du Prince Charles noftre petit fils & fon nepueu, à tous autres biens de la maifon, fucceffions & toutes autres pretentions tant paternelles que maternelles, & generalement à tout ce qui luy pourroit efchoir de tous ces coftez-là. Et de plus, nous entendons que venant à mourir fans eftre mariée, ou l'eftant elle n'euft point d'enfans, que ce qui luy reftera defdits biens retourne à la maifon, & au profit du Prince fufdit, comme fils de fon frere aifné, & chef de fes armes : A la referue toutesfois de la Vicomté de fainct Florentin, de laquelle nous luy donnons la libre difpofition en mourant, ou fe faifant Religieufe, au profit de tels fes heritiers ou parens qu'elle voudra choifir. Et choififfant la vie monaftique, elle fe pourra encore retenir fa vie durant par forme de penfion annuelle deux mille efcus de France fur lefdits biens.

Et à la Princeffe Anne fa fœur, noftre tres-chere & tres-aimée fille puifnée ; nous luy donnons & delaiffons pareillement pour fon partage les terres, feigneuries & rentes qui enfuiuent, aux mefmes conditions & renonciations qui ont efté fpecifiées dans celuy de la Princeffe fa fœur, n'y changeant autre chofe, finon qu'au lieu qu'elle a pouuoir de difpofer d'vne terre, celle-cy l'aura de la rente d'Anceruille, qui eft de quarante mille liures de principal, & de fe pouuoir feulement retenir, fe faifant Religieufe, en forme de penfion, quinze

Partage de Madame
la Princeffe Anne.

E iij

cens efcus de France par an; & pour fa demeure tant qu'elle reftera fille, le Chafteau de Defize en proprieté, les exhortant neantmoins toutes deux de ne fe point feparer de demeure tant qu'elles feront à marier, puis qu'il leur fera toufiours plus honorable & vtile. Son partage fera donc des terres de fainct Vallery & Cayeux fur mer en Picardie, de Beaumets, de Goyenual, auec toutes leurs appartenances & dependances; de la rente d'Anceruille, qui eft de trois mille liures par an; de la nouuelle rente que nous auons fur Paru, dont le fort principal eft de cent vingt mille liures ou vn peu plus; de la rente qui eft encore fur la Recepte generale de Paris, Clergé & Aydes, dont le fort principal eft de trente mille liures; de la rente fur Bourges, qui eft en principal de treize mille liures. Et en cas que la Princeffe Marie vienne à fe marier la premiere, la Princeffe Anne heritera de la demeure & de la proprieté de la Caffine tant qu'elle demeurera fille; & en cas que les fufdites Princeffes nos filles, ou l'vne ou l'autre ne fe mariant pas, aimaffent mieux pour quelques confiderations feiourner en Italie, le mefme partage en France leur fera toufiours donné, y pouuant faire venir leur reuenu, s'il n'eftoit iugé plus à propos à elles & à leur nepueu de leur donner l'argent en cet Eftat, & à luy de le receuoir en France auec le reuenu de fes autres terres de delà; & pourront lefdites Princeffes choifir vne de nos maifons en ce Duché, dont elles auront la proprieté leur vie durant ne fe mariant pas, comme elles l'auroient de celles que nous leur auons cy deffus specifiées en France, à fçauoir la Caffine à l'vne, & le Chafteau de Defize à l'autre; & pourront eftre celles-cy de Goito, Gazolo, ou Cauriane.

Et en cas qu'il fe trouuaft neceffaire, & vtile pour le bien de noftre maifon, & pour l'acquit des debtes que nous auons en France, de vendre auec quelque auantage aucune des terres cy deffus nommées dans les partages des Princeffes nos filles, entre cy & le temps de noftre decez & de leur iouyffance, nous voulons en tel cas qu'il y foit pourueu en leur donnant autres feigneuries de mefme valeur & qualité que feroit celle-là, & en forte que telle vente ne leur pûft apporter aucun detriment ou defauantage, puis que noftre intention eft, & a efté qu'elles euffent en toute libre poffeffion celles-cy deffus nommées, ou par vn tel defaut, la mefme qualité, reuenu, & valeur en autres prifes dans la maifon, & à leur fatisfaction, ce que nous auons eftimé à propos de fpecifier icy, en cas que quelque prompt accident nous empefchaft d'y fatisfaire dés noftre viuant: Ne voulans que le Prince Charles noftre petit fils puiffe entrer en iouyffance de noftre fucceffion qu'en fatisfaifant à cette condition, & non autrement. Ce que nous inferons en ce prefent Teftament à bonne fin, & pour marque de noftre bonne & droite intention enuers les perfonnes qui nous font fi proches, & pour ofter toutes fortes d'occafions qui leur pourroient empefcher de bien viure enfemble felon que Dieu & la proximité les y obligent, & que nous le defirons paffionnément.

Et adjoufte encore ledit Duc Charles I. apres quelques difpofitions en faueur de Madame d'Auenay, fa fille, & Madame Leonore fa petite fille, & fœur de fon Alteffe de Mantoüe, pour marque de fa bienueillance enuers ſes filles. *Arriuant qu'aucune de nos ſuſdites deux filles, ou noſtre petite fille fuſt recherchee en mariage d'vn Prince de plus haute dignité & qualité que la leur, comme ſeroit vn Empereur, Roy, & fils ou frere d'vn grand Roy, & duquel l'alliance ſe trouuaſt autant vtile qu'honorable à la maiſon, nous voulons qu'il luy ſoit donné pour cette conſideration, & pour en faciliter dauantage l'euenement, de plus que ſon partage cy deſſus declaré, la ſomme de cent mil eſcus de France, à prendre ſur le plus clair des biens de la maiſon, ſoit en France ou en Italie; ce qui s'eſtend en ceux de la ſucceſſion du Prince noſtre petit fils.*

Et apres toutes ces donations & partages (pourſuit ledit Duc Charles defunct) *que nous auons iugé & eſtimé equitables & neceſſaires, & ſelon Dieu & le deuoir de nature, & pour l'honneur & le repos de noſtre famille,*   *nous declarons & inſtituons noſtre tres-cher & tres-aymé petit fils le Prince Carlo, par ce preſent teſtament que nous voulons & entendons auoir lieu & effect en toutes ſes parties & clauſes, comme de choſes bien & deüement penſees & deliberees en noſtre eſprit, & comme eſtant noſtre derniere volonté, pour noſtre ſeul & vniuerſel heritier de tous nos Eſtats en Italie: A ſçauoir de ce Duché de Mantoüe, & de celuy de Montferrat; comme encore en France de nos Duchez de Neuers, Rethelois, & Mayenne, & des autres principautez, terres & ſeigneuries qui nous y appartiennent; & encores de la ſouueraineté d'Arches & de Charleuille, auec auſſi toutes les pretentions que nous pouuons auoir iuſtement tant du coſté de la maiſon de Gonzague & des Paleologues, que de celles de Bourgongne, Cleues & Neuers, & aux conditions neantmoins cy deſſus ſpecifiees.*

Inſtitution d'heritier du Duc Charles II.

Voila la volonté du Duc Charles defunct clairement enoncée par ſon teſtament, laquelle, ſur la fin d'iceluy, il ſupplie ſa Majeſté en ces termes de faire executer.

Et afin que cette noſtre derniere volonté puiſſe eſtre en tous ſes points & clauſes deüement executee, nous auons iugé neceſſaire d'eſlire & choiſir, auec le reſpect toutesfois conuenable & que nous deuons à la dignité & grandeur de leurs perſonnes, celle de la Maieſté de l'Imperatrice Leonore qui regne à preſent, & celle du Roy Tres-Chreſtien, auſquelles le Prince noſtre petit fils & nous auons l'honneur d'appartenir de ſi pres & tous coſtez tant paternels que maternels, outre pluſieurs & tres-eſtroites obligations que cette maiſon leur a; Et d'ailleurs pour auoir en France pluſieurs Duchez, Principautez, & autres terres conſiderables, &c.

Ainſi par les termes du teſtament du feu Duc Charles I. du nom, on peut voir comme il a partagé les Dames Princeſſes ſes filles, & comme il a inſtitué Charles ſecond ſon petit fils heritier vniuerſel non ſeulement en ſes Eſtats de Mantoüe & de Montferrat, à quoy leſdites Dames Princeſſes ne pouuoient rien pretendre, en eſtant notoirement excluſes par la teneur des inueſtitures faites en faueur des maſles; mais auſſi en ſes Duchez de Niuernois, Rethelois, Mayenne, & en tous les

autres biens de France, auec charge de payer toutes les debtes. Lefquelles debtes acquitées, il ne reftera pas tant à fon Alteffe de Mantoüe que ce qui eft affigné par partage aufdites Dames Princeffes, aufquelles il ne fe trouuera point qu'il ayt moins laiffé que ce qui leur
pouuoit appartenir par les Couftumes; outre plus de douze cens mille
liures qu'elles ont receu depuis la fucceffion ouuerte par le moyen de
leur trouble. A quoy fa Majefté aura, s'il luy plaift, efgard, & qui leur
doit eftre déduit fur leurs portions; fi que ayant eu chacune plus de
trente-fix mil liures de rente, qui excedent tout ce que iamais Princeffe de Mantoüe a eu en mariage, les filles de François de Cleues,
l'vne mariée à feu Monfieur le Prince de Condé, l'autre au feu Prince
de Porcian, & depuis au Duc de Guife Henry de Lorraine, n'ayans eu
chacune que trente mil efcus pour vne fois en mariage, moyennant
quoy elles renoncerent à toute fucceffion & partage des biens de leur
pere (ce qui fe pourroit bien & clairement iuftifier par les memoires
qui ont efté trouuez entre les papiers du feu Duc Charles premier,
efcrits de fa propre main) il s'enfuit que leurdit pere a dit verité quand
il a declaré par fon teftament qu'il auoit fait le partage felon le droict
& l'equité: Comme l'Efcriture dit que Dieu communique aux peres
la vraye lumiere de la iuftice; quand vn bon & iufte pere meu d'vn fage
& prudent confeil preuenant l'office de Iuge & d'Arbitre entre fes enfans, par vne pieté paternelle a rendu fon iugemẽt entr'eux, la chari-
té doit eftre telle parmy les enfans, que chacun fe tienne dans le refpeĉt
pour obferuer ce qu'il a ordonné à leur efgard dans fa famille.

Les peres font fondez en ce pouuoir dedans leurs familles par toutes fortes de loix, & diuines, & humaines. Et de fait, au liure de Iefus

Ecclefiaft. cap. 33. verf.
14.

fils de Sirach, que iuftement on peut nommer le fecond fage de l'Efcriture fainĉte, non feulement il eft permis, mais mefmes il eft comman-
dé aux peres, pour eftablir la paix en leur maifon, de partager leurs
biens auant leur mort : *In die confummationis tuæ diftribue hæreditatem
tuam.* Les Romains par leurs loix ont authorifé ces mefmes difpofi-

L. 10. 16. 21. & vlt. C.
familiæ hercifc. & Non.
18. cap. 7.
Non. 107.
Lib. 7. Capitul. cap.
248.

tions, & ont tellement fauorifé ces partages & diuifions, qu'ils ont
efté affranchis de toutes les formes & folemnitez aufquelles les tefta-
mens font fujets. Les loix capitulaires de l'Empereur Charlemagne en
contiennent vne ordonnance expreffe: *Diuifionem à patre faĉtam fer-
uari oportere, fi modò vfque ad extremum viuendi fpatium voluntas eadem
perfeueraffe doceatur.* Ce qu'il a executé luy-mefme, comme on void

Annalium Francorum,
p. 283.

par fon teftament que Mᵉ Pierre Pithou a donné au public en fes An-
nales, qui contient le partage du Royaume & de l'Empire entre fes
trois enfans. Et la plufpart des Couftumes de la France en difpofent
particulierement, comme celles de Bourgoigne, de Bretagne, de Bour-

Titre des fucceffions,
art premier.

bonnois, Amiens, Peronne, & celle de Niuernois expreffément, laquelle permet aux peres de faire partage & affignation de fes biens à fes
enfans.　　　　　　　　　　　　　　　　　　　　　　　　　　Ainfi,

Ainſi, puis que la volonté d'vn pere au partage qu'il a fait de ſes biens dans ſon teſtament eſt authoriſée par toutes ſortes de loix diuines & humaines, il faut qu'elle ſoit executée religieuſement. La volonté d'vn pere teſmoignée par ſon teſtament doit eſtre en veneration à ſes enfans, veu que Dieu pour nous obliger dauantage comme ſes enfans d'obſeruer ce qui eſt de ſa volonté conſignée au liure de l'vne & l'autre alliance, il leur a donné à tous deux le nom de teſtament ancien & nouueau.

Le Duc Charles defunct n'a fait en cela que ſuiure les exemples de ſes predeceſſeurs, ſe trouuant dedans la maiſon vn ancien partage du 27. Nouembre 1401. entre Iean, Antoine & Philippes de Bourgoigne, & trois filles qui eſtoient Catherine, Marie & Marguerite; par lequel Philippes de Bourgoigne leur pere aſſigna le Comté de Neuers & de Rethelois à Philippes ſon ſecond fils; & vn autre partage que fit François de Cleues entre François ſecond & Iacques ſon frere, Catherine & Marie de Cleues; il a veu que ſa maiſon des plus hautes & des plus illuſtres eſtoit toute recueillie en la perſonne de ſon Alteſſe de Mantoüe qui eſtoit l'aiſné en ſa ſucceſſion, chef du nom & des armes; Que toutes ces grandes terres & fiefs de dignité qu'il auoit en France, ne ſe pouuoient conſeruer que par l'vnité & ſolidité de leurs parties; que ſi elles eſtoient vne fois diuiſées & démembrées, elles ſe diſſiperoient & aneantiroient auſſi toſt, comme vne ſource, qui decoule par pluſieurs ruiſſeaux & canaux; Et que les Princeſſes ſes filles venant à transferer ces biens en d'autres familles, cette maiſon qui auoit plus duré en ſa grandeur & en la poſſeſſion de tant de belles terres qu'aucune du Royaume apres la Royale, ſe trouueroit dechüe de ſon ancienne ſplendeur: Pour cela donc, & afin que ces Duchez fuſſent poſſedées ſolidairement par ſon Alteſſe de Mantoüe qui eſt l'aiſné de la maiſon, & pour luy donner plus de moyens de ſupporter auec ſplendeur les grandes charges de ſes Eſtats, & ſe maintenir plus puiſſamment en l'alliance dé la Couronne de France, il a aſſigné le partage à ſes filles en d'autres biens qui excedent de beaucoup leur part & portion hereditaire: Partant elles ſe doiuent contenter de ce qu'elles ont du bien de la maiſon par l'ordonnance de leur pere.

L'on dira peut eſtre qu'vn teſtament fait hors le Royaume & en pays eſtranger, ne peut eſtre executé en France à l'eſgard des biens qui y ſont ſituez & aſſis: mais les teſtamens eſtans du droict des gens en leur ſubſtance, communs à tous les peuples, & receuz par le conſentement vniuerſel de toutes les nations du monde: La France, l'Italie, & les autres peuples admettans eſgalement l'eſſence des teſtamens, & ne differans qu'en la forme & en la ſolemnité qui varie ſelon les diuerſes loix des peuples, vn teſtament fait ſelon la loy du pays où il

Coquille, hiſtoire de Niuernois, p. 114.

Theophilus Inſtit. lib. 1. tit. 2.

F

a efté paffé, & encores felon la forme & folemnité du lieu où les biens font affis, doit auoir fon effect difpofitif par tout, mefme en vn autre Eftat.

Le teftament dont eft queftion eft efcrit & figné de la main du teftateur: Cette forme de tefter eft receüe par les ftatuts du pays où il a efté fait, encores que le Prince ne foit point obligé aux loix mefmes en fait de teftament: *Lex imperij folemnibus iuris Imperatorem foluit;* Cette mefme forme de tefter eft receüe vniuerfellement par toute la France, particulierement par les Couftumes de Niuernois, Vitry, d'Auxerre, du Maine & autres où les biens font fituez: Si bien que, permettant l'execution de ce teftament en France, ce n'eft point pour faire valoir vne loy eftrangere dedans le Royaume, où le Roy eftant feul fouuerain l'on ne recognoift point les loix d'vn autre Prince; mais c'eft receuoir le teftament d'vn Prince François, lequel pour auoir efté fait en pays eftranger, puis qu'il eft reueftu des mefmes folemnitez que celles qui font introduites par les loix du Royaume, ne doit pas eftre moins executé en France.

Auffi a il efté iugé par diuers Arrefts qu'vn teftament fait hors le Royaume, mefme felon les loix d'vn pays eftranger, a fon effect en France: L'Arreft du teftament du Vicomte de Martigues du 21. Iuin 1559. y eft expres, par lequel le teftament qu'il auoit fait en Flandres, où il eftoit auec l'Empereur Charles le quint, fut declaré bon & valable, encore que les folemnitez des couftumes n'y euffent point efté gardées ny obferuées.

Le mefme pour le teftament de Dominique de Caën fait hors le Royaume, luy eftant à Barcellonne felon l'vfage du pays; ce teftament debatu au Parlement de Thouloufe comme fait en pays eftranger, fut neantmoins confirmé par Arreft dudit Parlement.

Et depuis par vn Arreft celebre du Parlement de Paris du 2. Decembre 1627. le teftament d'vn François fait en la ville de Rome, teftament nuncupatif, *in fcriptis*, auquel le teftateur n'auoit point figné fuiuant l'vfage du pays, fut neantmoins declaré bon & valable, & deliurance faite des legs portez par iceluy de diuers fonds & heritages affis en la Couftume de Blois.

Ce que deffus expliqué, refte à fon Alteffe de Mantoüe de monftrer qu'eftant appellée aux biens dont eft queftion non feulement par l'ordre du droict legitime, & par les degrez naturels de confanguinité, mais encores par la difpofition expreffe du Duc Charles fon ayeul, & en l'vne & en l'autre qualité tant d'heritier legitime, que teftamentaire, eftant faifi par la loy generale du Royaume, l'Arreft que les Princeffes Marie & Anne ont obtenu au Parlement le 8. Iuin 1638. par lequel fur vne fimple requefte fans ouyr ny appeller fon Alteffe deMantoüe la poſſeſſion des biens leur a eſté adjugée, ne peut en façon quelconque ſubſiſter.

Les Arreſts qui ſont rendus contre les formes ordinaires & contre l'ordre legitime & iudiciaire, ſont nuls, & deſtituez de l'authorité que l'on attribuë aux choſes iugées, *Prolatam contra iuris ordinem ſententiam rei iudicatæ authoritatem non habere.* Les Papes meſmes ont declaré ſouuent qu'ils ne ſe pouuoient pas diſpenſer honneſtement de l'ordre des iugemens; Et quand quelqu'vn ſ'eſt plaint d'auoir eſté condamé ſans que les formes y euſſent eſté gardées & obſeruées, le Pape qui auoit iugé reſpondit: *Quia hæc allegatio perſonam noſtram tangere videtur, dignum duximus hanc cauſam plenius explorari, ne quis quomodolibet ſuſpicetur, quod nos in hoc negotio perperam proceſſerimus.*

Or il eſt de l'ordre des iugemens d'appeller les parties, la citation eſtant le premier acte iudiciaire, ſans laquelle ne peut interuenir aucun iugement; pource que tout iugement eſtant compoſé de trois perſonnes, en ſorte que le Iuge ſoit comme mitoyen entre les deux parties le demandeur & le defendeur, *quaſi* διχαϛὴς, comme Ariſtote l'appelle, *diuidens inter actorem & reum*, ſi l'on n'appelle point le defendeur il ne peut y auoir aucun iugement.

Tous les Arreſts rendus contre les formes & teneur des ordonnances, qui ſont le droict ciuil du Royaume, ſont nuls & de nul effect & valeur. Ainſi diſoit la loy: *Condemnatum accipere debemus eum qui ritè condemnatus eſt:* Combien plus ſont nuls les iugemens donnez contre le droict naturel & diuin, la defenſe de laquelle on a priué Monſieur de Mantoüe eſtant naturelle à vn chacun & de droict diuin pareillement, Dieu qui eſt la ſource de la Iuſtice n'ayant iamais iugé ny condamné perſonne ſans l'ouyr.

Les iugemens rendus de la ſorte ne ſont plus appellez du nom de droict & de iuſtice, mais pluſtoſt d'injure, laquelle eſt d'autant plus grande au faict dont eſt queſtion, que la requeſte preſentée par leſdites Princeſſes eſtant pour raiſon d'vne ſignification qui auoit eſté faite par l'Ambaſſadeur de ſon Alteſſe au fermier de Rethelois pour luy payer ce qu'il deuoit du prix de ſa ferme, il y auoit ſi peu d'apparence en leur pretention pour ce regard, que le Duché de Rethelois, au moins la plus grande partie d'iceluy, à ſçauoir la ville de Rethel, celle de Mezieres & Warq, & plus de cent villages dont le Duché eſt compoſé, ſont aſſis & ſituez en la Couſtume de Vitry, en laquelle il eſt notoire que le droict d'Aubaine n'a point de lieu.

Car il y a Article expres en cette Couſtume, qui porte que les nobles nez & demeurans hors le Royaume ſuccedent à leurs parens és biens delaiſſez dedans le Bailliage de Vitry; tellement qu'en nobleſſe ne giſt eſpauité, c'eſt à dire que le droict d'Aubaine n'a lieu à l'eſgard

L. prolatam. C. de ſtipendiis & inter.

C. vnic. vt Eccleſiaſt. beneficia.

Art. 108. de Blois.

L. 4. ff. de re iudicata.

Adam vbi es? Geneſ. 3.
Vbi eſt Abel frater tuus? Geneſ. 4.

des nobles, beaucoup moins à l'esgard des Souuerains qui possedent le supreme degré de noblesse.

L'on a bien douté quelquefois si cette Coustume pouuoit preju-dicier au droict d'Aubaine ; pource que, les coustumes estans intro-duites par les peuples, & deliberées par le consentement vniuersel des Estats d'vne Prouince, on disoit qu'elles ne pouuoient oster les droicts du Roy, ny receuoir les estrangers à succeder en France : neantmoins, les coustumes estans arrestées par le commandement expres de sa Ma-jesté, & pardeuant les Commissaires par luy ordonnez, approuuées d'ailleurs & verifiées par le Roy dedans son Parlement, elles peuuent estre fort bien appellées Loix Royales : *Omnia enim nostra facimus, qui-bus authoritatem nostram impertimur.*

Et est cette Coustume speciale & particuliere de Vitry tellement authorisée, que feu Monsieur Seruin Aduocat general en son plai-doyé de la cause de Messire Cesar d'Est Duc de Modene, a rapporté vn Arrest celebre donné entre Elizabeth de Merodes veufue du Baron de Malbergh & Catherine de Malbergh sœur de defunct, le 10. Octo-bre 1587. par lequel à icelle Merodes quoy qu'estrangere le doüaire fut adjugé de la moitié de la terre & seigneurie de Bannay assise au Bail-liage de Vitry, appartenant à la Damoiselle de Malbergh Allemande, & par elle possedée comme heritiere de son frere.

Aussi Maistre Charles du Moulin dit expressément que par la dis-position de cette Coustume, *cessat ius regium albinatus, quod etiam ces-sare debet in regionibus ibi enumeratis, vt eodem iure inuicem vtantur.*

Et Maistre René Chopin dit pareillement : *Francica Campaniæ mu-nicipes Lotharingos, Germanos, atque exteros alios in societatem Gallicæ ci-uitatis admiserunt eo pacto, vt sibi inuicem hæreditario propinquitatis iure succederent.*

Ce qui a encore esté remarqué par Gregoire de Tholouse : *Lotha-ringos, Germanos, Brabantinos, & alios Victoriani municipes in Gallicæ ciuitatis societatem adsciuerunt.*

Ne deuant estre trouué beaucoup estrange que la loy d'Aubaine ne s'obserue en cette Coustume particuliere, puis qu'il y a beaucoup d'autres Prouinces en France dans lesquelles elle n'est point en vsage, comme par tout le Languedoc, à Tholouse, Bordeaux, & autres lieux.

Ainsi l'on void la surprise toute manifeste du conseil des Dames Princesses Marie & Anne en l'obtention dudit Arrest donné sans co-gnoissance de cause & sans ouyr parties, sur lequel neantmoins elles ont pris pretexte de troubler son Altesse de Mantoüe en la possession des Estats & biens desquels elle est le vray & legitime heritier, saisi sui-uant les Loix & Coustumes du Royaume ; & à l'esgard desquels biens

mefmes le droict d'Aubaine ne pouuoit auoir lieu: En quoy l'on peut
recognoiftre comme la precipitation eft ennemie mortelle du droict
& de la raifon, & qu'elle a efté à bon droict furnommée la Maraftre
de la Iuftice, comme la maturité eft fa iufte meré; Maturité qui conuient principalement à ceux qui font honorez des tiltres de Iuges
fouuerains & efleuez au deffus des autres, qui doiuent confiderer à
loifir & deliberer meurement fur les affaires graues & importantes:
Ainfi dit-on que Saturne le plus haut des Planetes a fon mouuement
plus lent & plus temperé que les autres, qu'il acheue le dernier fa
courfe, & employe plus de iours, & d'années en fes reuolutions.

C'eft ce qui a obligé le Duc Charles fecond du nom de recourir à fa
Majefté, & comme il a imploré la force de fa dextre puiffante pour
la defenfe de fes Eftats qu'il a mis à l'abry de fon Sceptre floriffant, &
fous la protection de fa Couronne triomphante, il reclame aujour-
d'huy la main de fa Iuftice, laquelle eftant femblable à cette main que
les Egyptiens reprefentoient auec vn œil empraint dans la paulme
d'icelle, fignifiant la Iuftice par ce beau hieroglyphe; il efpere que
fes raifons eftans veües & confiderées par l'œil de cette main clair-
voyante, le prejudice notable qui luy a efté fait à faute d'auoir ouy &
examiné fes moyens, luy fera reparé, & luy confirmé en la poffeffion
des biens en laquelle il eft injuftement troublé.

Il recommande fa caufe par le nom de fils qui demande le bien de
fon pere qui eftoit François de naiffance & d'origine, & lequel il re-
prefente aujourd'huy en la fucceffion de fon ayeul qui eftoit auffi
François naturel & originaire du Royaume; Il eft donc François d'origine & d'extraction, puis qu'il eft iffu de pere & ayeul François alliez
auec la France, il eft tenu & reputé regnicole par les Lettres de declaration de fa Majefté, il eft compris dans les anciennes Lettres octroyées
à fes predeceffeurs, pour eux, leur pofterité & lignée. Si bien qu'il eft
François naturellement & ciuilement par le benefice du Prince. Il a
la qualité de Prince fouuerain qui l'exempte du droict d'Aubaine, &
ce qui eft plus eftimable, il a l'honneur d'eftre proche parent du Roy,
& non feulement il eft fondé en l'ordre de droict legitime de la parenté & confanguinité pour fucceder; mais encore en la volonté de
fon ayeul confignée par vn teftament folemnel qui doit eftre inuiolable entre les enfans. En fin il eft affifté de toute forte de droict, diuin, naturel, ciuil & couftumier; tellement qu'il ne peut efperer autre
chofe, principalement fous le regne du plus triomphant, & du plus
iufte Roy qui foit au monde, finon d'eftre maintenu en la poffeffion
d'vn bien qui luy appartient fi legitimement, & qu'apres vne protection fi fauorable qu'il a receüe de la main puiffante & redoutable de
fa Majefté contre fes ennemis eftrangers, elle ne permettra pas qu'il

ſoit deſpoüillé par ſes plus proches des biens qui luy ſont eſchûs dedans le Royaume : Ce ſera vne ſeconde protection digne du tiltre
auguſte de I v s t e qu'il poſſede ſi glorieuſement , & qui obligera
ſon Alteſſe d'autant plus à continuer au deuoir d'vne fidelité conſtante, d'vne entiere & parfaicte deuotion enuers ſa Majeſté.

F I N.

BRIEFVE

DE CHARLES SECOND DV NOM, DVC

En tant qu'elle est necessaire seulement pour monstrer qu'il
obtenuës par ses predecesseurs tant du costé maternel

DE FEDERIC DE GONZAGVE,
ET
MARGVERITE PALEOLOGVE SA FEMME,
SONT

FRANÇOIS de Gonzague, premier du nom, Duc de Mátoüe, mort sans enfans.	GVILLAVME, Duc de Mantoüe, & premier Duc de Montferrat, duquel est issu	

VINCENT I. Duc de Mantoüe, & de Montferrat, denommé dans les Lettres de Henry IV. de l'an 1596.

De luy sont issus

FRANÇOIS II. du nom, Duc de Mantoüe & de Montferrat, denommé dans les susdites Letres de l'an 1596.	FERDINAND, Duc de Mantoüe & de Montferrat, aussi denommé dans les susdites Letres de l'an 1596. & mort sans enfans.	VINCENT II. du nom, Duc de Mantoüe & de Montferrat, aussi denommé dans les mesmes susd. Letres de l'an 1596. & mort sás enfans

Ligne Maternelle.

De luy est issuë

MARIE Duchesse de Mantoüe, femme de Charles Duc de Rethelois, & Prince de Mantoüe & de Montferrat, dont est issu

CHARLES II. du nom, à present Duc de Mantoüe & de Montferrat.

GENEALOGIE

DE MANTOVE ET DE MONTFERRAT,
eſt compris dans les Letres de Naturalité & de Declaration
que du coſté paternel

PREMIER DVC DE MANTOVE,
DE
MARQVISE DE MONTFERRAT, fille d'Anne d'Alençon.
ISSVS

LVDOVIC, Duc de Ni-
uernois, denómé dans
les Letres de Héry II. de
l'an 1550. duquel eſt iſſu

FEDERIC poſthume,
& Cardinal, auſſi de-
nommé dans leſdites
Letres de l'an 1550.

CHARLES I. du nom, Duc de
Neuers, & depuis en l'année
1628. de Mantoüe & de Montferrat, denommé dans les Letres de LOVIS XIII. de l'an
1634. & de luy ſont iſſus

Ligne Paternelle.

CHARLES Duc de Re-
thelois, & Prince de
Mantoüe & de Mont-
ferrat, marié à Marie
Ducheſſe de Mantoüe,
denómé auxſuſd. Letres
de 1634. lequel mort
auant ſon pere, a laiſſé

MARIE Princeſſe.

ANNE Princeſſe.

CHARLES II. du nom,
à preſent Duc de Man-
toüe & de Montferrat,
denommé dans les ſuſ-
dites meſmes Letres de
l'an 1634.

ELEONORE Princeſſe
de Mantoüe, pareille-
ment denommée dans
les Letres de l'an 1634.

LETRES DE NATVRALITE'
ET DE DECLARATION

Accordées par les Roys HENRY II. HENRY IV. d'heureuse memoire, & LOVIS XIII. à present regnant, en faueur des Ducs & Princes de Mantoüe, dont il est fait mention dans le present escrit.

ENRY PAR LA GRACE DE DIEV ROY DE FRANCE. Sçauoir faisons à tous presens & à venir, que nous ayant esgard & consideration à la proximité de lignage, dont nous attiennent nos chers & amez cousins les sieurs Ludouic & Federic de Gonzague fils de feu nostre cousin le Duc de Mantoüe, estans du costé maternel de la maison d'Alençon, & desirans en toutes choses à eux necessaires les gratifier & fauorablement traitter. Pour ces causes & autres bonnes & iustes considerations à ce nous mouuans, auons voulu & ordonné, voulons & ordonnons, & nous plaist, que d'oresnauant nosdits cousins soient tenus, censez, & reputez vrays regnicoles de nostre Royaume, & qu'en iceluy ils puissent & leur soit loisible tenir & posseder tous & chacuns les biens tant meubles qu'immeubles qu'ils y ont à present, & pourront auoir cy apres tant par succession, acquisition, qu'autrement, & d'iceux tester, ordonner, & disposer par testament & ordonnance de derniere volonté, donation faite entre vifs, & consequemment en faire tout ce que bon leur semblera, & que les enfans aussi qu'ils auront, & autres ausquels ils pourront disposer de leusdits biens, leur puissent apres le trespas succeder, prendre & apprehender leur succession, ou ce qu'ils en auront donné & disposé, tout ainsi que s'ils estoient natifs & originaires de nostre Royaume, nonobstant les ordonnances & constitutions generales d'iceluy. Et quant à ce les auons habilitez & dispensez, habilitons & dispensons, sans que nostre Procureur, ne autres nos Officiers en puissent cy apres pretendre pour nous aucun droict d'Aubaine en leurdite succession, & ce qui en dépendra, ne que nosdits cousins soient pour ce tenus nous payer aucune finance ou indemnité, que nous leur auons donnée, quittée & remise, donnons, quittons & remettons par ces presentes, à quelque somme & estimation qu'elle soit & puisse monter,

Letres de Henry second de l'an 1550.

SI DONNONS EN MANDEMENT à nos amez & feaux les gens
de nos Comptes & Treforiers à Paris, & à tous nos autres Iufticiers
& Officiers, ou à leurs Lieutenans qu'il appartiendra, que de nos prefens grace, congé, permiffion, difpenfe, habilitation, don de finance,
& de tout l'effect & contenu en cefdites prefentes ils faffent, fouffrent,
& laiffent nofdits coufins, leurfdits enfans, pofterité & lignée nez & à
naiftre, iouyr & vfer plainement, paifiblement & perpetuellement,
tout ainfi & par la forme & maniere que deffus eft dit, ceffans & faifant
ceffer tous troubles & empefchemens au contraire, lefquels fi faits,
mis, ou donnez leur eftoient, les mettent ou faffent mettre incontinent & fans delay à pleine & entiere deliurance, & au premier eftat &
deub. Et par rapportant le Vidimus fait fous feel royal de cefdites prefentes fignées de noftre main, Nous voulons noftre Receueur general
eftre tenu quitte & defchargé de ce que pourra monter ladite finance & indemnité par tout où il appartiendra, où befoin fera fans difficulté. Car tel eft noftre plaifir, nonobftant que la valeur de ladite finance & indemnité ne foit cy declarée, & que tels & femblables dons
ne deuffent eftre faits, paffez ny alloüez que pour la moitié feulement,
les ordonnáces par nous faites fur le fait de nos finances, & port d'icelles en nos coffres du Louure, & quelconques autres ordonnances, re-
ftrinctions, mandemens, ou defenfes faites tant par nos predeceffeurs
Roys, que par nous au contraire, à toutes lefquelles, & fans prejudice
d'icelles en autres chofes, nous auons dérogé & dérogeons par cefdites
prefentes, aufquelles, afin que ce foit chofe ferme & ftable à toufiours,
nous auons fait mettre noftre feel à cefdites prefentes, fauf en autres
chofes noftre droict, & l'autruy en toutes. Donné à Lifle-Adam au
mois de Septembre l'an de grace mil cinq cens cinquante, & de noftre
regne le quatriefme. Signé, HENRY. Et fur le reply, Par le Roy, le
fieur de MONTMORENCY Conneftable & grand Maiftre de France prefent DV THIER. Vifa. Et feellées de cire verte fur laz de foye.
Et à cofté fur ledit reply. Expediées & enregiftrées en la Chambre des
Comptes du Roy noftre Sire au regiftre des cartes à prefent courant,
moyennant la fomme de quarante efcus d'or fols payez par les impetrans, & qui conuertis ont efté en aumofnes, pourueu toutesfois que
les heritiers defdits impetrans foient regnicoles. Fait au Bureau par
ordonnance de Meffieurs le quinziefme iour de Nouembre l'an mil
cinq cens cinquante. Signé, FRAGVIER.

HENRY

ENRY PAR LA GRACE DE DIEV ROY DE
FRANCE ET DE NAVARRE. A tous presens & à
venir salut. Sçauoir faisons que nous desirans bien &
fauorablement traitter nostre tres-cher & amé cousin
Vincent de Gonzague Duc de Mantoüe & de Mont-
ferrat, & nos tres-chers & amez cousins François, Ferdinand, & Vincent de Gonzague ses enfans, en consideration de la bonne & parfaite amitié que leurs predecesseurs & eux ont de tout temps fait pa-
roistre au bien, grandeur, & accroissement de cette Couronne, dont
ils nous ont rendu de si bons tesmoignages que nous auons occasion
de n'en douter aucunement. Pour ces causes & autres grandes fauorables considerations à ce nous mouuans, & en continuant la grace
qui a esté faite par les Roys nos predecesseurs aux feuz Ducs de Mantoüe & leurs enfans, & specialement par les feuz Roys François premier, & Henry second nostre tres-honoré seigneur & beaupere que
Dieu absolue, auons voulu & ordonné, voulons & ordonnons, &
nous plaist, que doresnauant nosdits cousins soient tenus, censez, &
reputez regnicoles de nostre Royaume, & qu'en iceluy ils puissent &
leur soit loisible tenir & posseder tous & chacuns les biens meubles &
immeubles qu'ils ont de present, & pourront auoir cy apres, tant par
succession, acquisition qu'autrement, & d'iceux tester, ordonner, &
disposer par testament & ordonnance de derniere volonté, ou donation faite entre vifs, & consequemment en faire tout ce que bon
leur semblera; & que les enfans aussi qu'ils auront, & autres ausquels
ils pourront disposer de leursdits biens, leur puissent apres leur trespas
succeder, prendre & apprehender leur succession, ou ce qu'ils en auront donné & disposé, tout ainsi que sils estoient natifs & originaires
de nostre Royaume, nonobstant les ordonnances & constitutions
generales d'iceluy; Et quant à ce les auons habilitez & dispensez, habilitons & dispensons, sans que nostre Procureur, ne autres nos Officiers en puissent pretendre pour nous aucun droit d'Aubaine en leur
succession, & ce qui en dependra; ny que nosdits cousins soient pour
ce tenus nous payer aucune finance ou indemnité, que nous leur
auons donnée, quittée & remise, donnons, quittons & remettons
par cesdites presentes à quelque somme, valeur & estimation qu'elle
soit & se puisse monter. SI DONNONS EN MANDEMENT à nos
amez & feaux les gens de nos Comptes, Presidens & Tresoriers generaux de France au Bureau de nos finances establi à Paris, & à tous
nos autres Iusticiers & Officiers, ou leurs Lieutenans, que de nos presens grace, congé, permission, dispense, habilitation, don de finance,

G

& de tout le contenu cy deſſus ils faſſent, ſouffrent, & laiſſent noſdits
couſins, leurſdits enfans, poſterité & lignée née & à naiſtre, iouyr &
vſer plainement, paiſiblement, & perpetuellement, tout ainſi, & par
la forme & maniere que deſſus eſt dit, ceſſans & faiſant ceſſer tous
troubles & empeſchemens au contraire, leſquels ſi faits, mis, ou donnez leur eſtoient, les mettent ou faſſent mettre incontinent & ſans
delay à pleine & entiere deliurance, & au premier eſtat & deub. Car
tel eſt noſtre plaiſir, nonobſtant que la valeur de ladite finance ne
ſoit cy declarée & ſpecifiée, l'ordonnance par nous faite, par laquelle
nous auons reſerué tels & ſemblables dons pour eſtre employez és
reparations des places frontieres de noſtre Royaume, à laquelle nous
auons de noſtre certaine ſcience, pleine puiſſance & authorité royale
dérogé & dérogeons par ces preſentes, enſemble à la dérogatoire de
la dérogatoire y contenuë, & ſans prejudice d'icelle en autres choſes,
& quelconques autres ordonnances, mandemens, reſtrinctions, de-
fenſes, & lettres à ce contraires. Et afin que ce ſoit choſe ferme &
ſtable à touſiours, nous auons fait mettre noſtre ſeel en ceſdites preſentes, ſauf en autres choſes noſtre droict, & l'autruy en toutes. Donné à Monceaux au mois de Septembre l'an de grace mil cinq cens
quatre vingts ſeize, & de noſtre regne le huictieſme. Signé, HENRY.
Et ſur le reply, Par le Roy, DE NEVFVILLE. Viſa. Et ſeellées de
cire verte ſur laz de ſoye, Et à coſté ſur le reply. Expediées & regiſtrées en la Chambre des Comptes du Roy noſtre Sire au regiſtre des
cartes de ce temps, Ouy le Procureur general dudit Sieur, pour iouyr
par les les impetrans de l'effect & contenu en icelles ſelon leur forme
& teneur, moyennant la ſomme de quatre vingts eſcus ſols par eux
payée, qui a eſté conuertie & employée en aumoſnes. Le ſeizieſme
iour de May mil cinq cens quatre vingts dix-ſept, pourueu que leurs
heritiers ſoient regnicoles. Signé, PEGEAVT.

LOVIS PAR LA GRACE DE DIEV ROY DE FRANCE ET DE NAVARRE. A tous prefens & à venir falut. Noftre tres-cher & bien amé coufin Charles de Gonzague & de Cleues, Duc de Mantoüe & de Montferrat, de Niuernois & de Rethelois, Pair de France, nous a fait remonftrer que durant fa demeure en noftre Royaume il auroit contracté mariage auec feüe noftre tres-chere & bien amée coufine Catherine de Lorraine, dont feroient fortis entre autres enfans noftre coufin Charles de Gonzague Duc de Rethelois, depuis Prince de Mantoüe, & nos coufines Marie & Anne de Gonzague; & qu'ayant recueilly la fucceffion de Mantoüe & de Montferrat à luy efcheüe comme plus proche du fang, en la legitime poffeffion de laquelle il a efté maintenu par noftre authorité & puiffance contre ceux qui luy vouloient quereller, il auroit pour le bien & repos de fes Eftats, de noftre gré, confentement, & entremife fait efpoufer à noftredit coufin Charles de Gonzague fon fils aifné noftre coufine Marie de Gonzague Princeffe de Mantoüe fa coufine, de laquelle, eftant mort quelque temps apres, il a laiffé deux enfans, Charles à prefent Prince de Mantoüe, & Eleonor Princeffe de Mantoüe encore viuans, lefquels eftans nez hors noftre Royaume pourroient cy apres eftre eftimez eftrangers, & par confequent incapables de recueillir les biens qui leur pourroient efcheoir en iceluy, foit de la fucceffion de noftredit coufin le Duc de Mantoüe leur ayeul, ou autres leurs parens, s'il ne leur eftoit fur ce pourueu de nos lettres neceffaires. A CES CAVSES & autres bonnes confiderations à ce nous mouuans, & defirans gratifier & fauorablement traitter noftre coufin le Duc de Mantoüe noftre allié & confederé, lequel auec fes Eftats nous auons pris en noftre protection, auons de noftre propre mouuement, pleine puiffance, & authorité royale declaré, & declarons par ces prefentes fignées de noftre main, noftredit coufin le Prince Charles de Mantoüe, & noftredite coufine Eleonor Princeffe de Mantoüe fa fœur habiles & capables d'acquerir en cettuy noftre Royaume tous biens meubles & immeubles qu'il leur plaira, & de recueillir tous les autres biens qui leur pourroient efcheoir par la fucceffion tant de noftredit coufin le Duc de Mantoüe leur ayeul qu'autres leurs parens, les tenans cómeregnicoles, eftans iffus de pere & ayeul François originaires de noftredit Royaume, & d'iceux biens ordonner & difpofer par teftament, donation ou autrement en faueur d'autres leurs parens, ou telles perfonnes que bon leur femblera pourueu qu'ils foient regnicoles, & qu'apres leur decez, leurs enfans & plus proches parens ou autres en faueur defquels ils auront difpofé leur puiſſent ſucceder, comme ſi noſtredit couſin & couſine eſtoient nez en noſtre Royaume & demeurans en iceluy. Auons en outre octroyé à noſtredit couſin le Duc de Mantoüe que ſil arriuoit qu'il conuolaſt en ſecondes nopces & euſt d'autres enfans, & que noſdites couſines les Princeſſes Marie & Anne de Gonzague ſes filles de ſon premier mariage, leſquelles ſont nées en noſtredit Royaume, fuſſent de noſtre gré & conſentement mariées hors d'iceluy, que les enfans qui pourroient prouenir deſdits mariages ſoient auſſi cenſez pour regnicoles, & iouyſſent & diſpoſent ainſi que deſſus des biens qui leur pourroient eſcheoir en noſtredit Royaume, pays & ſeigneurie de noſtre obeyſſance, tout ainſi que ſils y reſidoient & demeuroient actuellement, les ayans à cet effect habilitez & diſpenſez, habilitons & diſpenſons par ces preſentes, ſans eſtre troublez en la iouyſſance deſdits biens, ny que nos Officiers puiſſent pretendre iceux nous appartenir par droict d'Aubaine ſous pretexte des ſtatuts & ordonnances de noſtre Royaume concernans les eſtrangers, & ſans aucune finance, laquelle à quelque valeur & eſtimation qu'elle ſe puiſſe monter, nous auons donnée & remiſe, donnons & remettons par ſes preſentes à noſtredit couſin le Duc de Mantoüe. SI DONNONS EN MANDEMENT à nos amez & feaux les gens tenans noſtre Cour de Parlement & de nos Comptes à Paris, Treſoriers generaux de France, ſi comme à chacun d'eux appartiendra, & à tous nos autres Officiers & Iuſticiers chacun endroit ſoy, que de noſtre preſente grace & declaration & de tout le contenu en icelle ils faſſent, ſouffrent, & laiſſent noſtredit couſin le Duc de Mantoüe & ſes enfans nez & à naiſtre, & ceux de feu noſtredit couſin le Prince de Mantoüe iouïr & vſer plainement & paiſiblement, ſans ſouffrir leur eſtre mis ou donné aucun trouble ny empeſchement au contraire. Car tel eſt noſtre plaiſir. Et afin que ce ſoit choſe ferme & ſtable à touſiours, nous auons fait mettre noſtre ſeel à ces preſentes, ſauf en autres choſes noſtre droict, & l'autruy en toutes. Donné à Chantilly au mois de Iuillet l'an de grace 1634. & de noſtre regne le vingt-cinquieſme. Signé, LOVIS. Et ſur le reply, Par le Roy, BOVTHILIER. Et à coſté, Viſa. Et ſcellées en cire verte.